シュトレン

STOLLEN

改訂増補版

ドイツ生まれの発酵菓子、その背景と技術

旭屋出版

LEN

introduction

ドイツ生まれの発酵菓子シュトレンが
日本のあちこちで、静かに花を咲かせています。
とりたてて大きなブームを経たわけでもないのに
年に一度、日本の冬に、クリスマスに
たくさんの人に待たれるアイテムとして
根を張りつつあります。

期間限定という制約
砂糖に包まれてなす姿かたちの華やかさ
日持ちがよいという利便性
さらに、作り方に決まりごとがあり

STOL

食べ方にも伝統がある。
そんな話に、生まれ国ドイツでいかに大切にされてきた
食べ物かという深みと温かみを感じ
惹かれるのかもしれません。

本書は、日本人を魅了した
シュトレンの歴史や
さまざまな解釈で日本に紹介されている
シュトレンを集めたものです。

日本のシュトレン物語は、すでにここまで進んでいます。

Contents

シュトレン

STOLLEN

ドイツ生まれの発酵菓子、その背景と技術

第2章　シュトレン作りと、その技術

第2章　シュトレン作りと、その技術……34

● 一般社団法人　日本パン技術研究所　根岸 靖乃……36
★クリストシュトレン／モーンシュトレン／マンデルシュトレン
〈参考資料〉シュトレンについてのガイドライン（規約）……46

● BFFコンサルタント　笠原 明……47
★ドレスデンで習ったシュトレン

● ベーカリー・アンド・カフェ　TSUMUGI　竹谷 光司……52
★シュトーレン

● パン工房　ボワドオル　金林 達郎……57
★シュトレン

● 山崎 豊……62
★クリストシュトレン

● ベッカライ　ブロートハイム　明石 克彦……67
★シュトレン／シナモンブランデーシュトレン

● ブルーデル　小林 重博……72
★シュトーレン

● 江崎 修……77
★クリストシュトレン

● ベッカライ　ビオブロート　松崎 太……82
★シュトレン

● エンゲルハート・ハインツ・ウルリヒ／杉沢 多美子……87
★シュトレン

● ブーランジェリー　セ・トレボン　大西 かおり……92
★シュトーレン

● 焼きたてパン工房　ゾンネンブルーメ　江頭 正樹……97
★シュトレン

● 南阿蘇　素材のみる夢　めるころ　原田 雅之……102
★シュトレン

● ウィーン菓子工房　リリエンベルグ　横溝 春雄……107
★シュトーレン

● パティスリー・ノリエット　永井 紀之……112
★シュトーレン

● コンディトライ・フェルダーシェフ　田頭 享……117
★シュトレン

● オトワレストラン　音羽 和紀・音羽 明日香……122
★シュトーレン

● 自然派パン工房　ぷれっちぇる　山田 密穂……126
★シュトレン

● シニフィアン　シニフィエ　志賀 勝栄……130
★シュトーレン

● フロインドリーブ　ヘラ・フロインドリーブ・上原……132
★シトーレン

● パン焼き小屋　ツォップ　伊原 靖友……134
★オリジナル・シュトレン／クラシック・シュトレン

● トラン・ブルー　成瀬 正……136
★シュトレン

● たま木亭　玉木 潤……138
★黒豆のシュトーレン／カソナッドのシュトーレン

コラム5　こうしてシュトレンは日本で知られるようになった
――パン業界紙「パンニュース」から探る
日本のベーカリーにおけるシュトレン――
小野 淳二……140

取材協力先および販売店一覧……143

第1章
ドイツで語り継がれるシュトレン物語

シュトレンの歴史は、ドイツで始まりました。

多くの食文化がそうであるように、シュトレンもまた
そのルーツ、逸話は複数あり、主張の強弱あり
歴史の道のりは、一本道ではなかったようです。

それでも
作られるたびに、作る人ごとに、喜びや祈りを込め
食べる時の幸福感は、冬の寒さの中で人の心に灯をともしました。

そして、だからこそ
シュトレンは今日まで伝え継がれてきたのです。

ドイツのクリスマスとシュトレン

文・写真　松金　康恵

11月も終わりに近づくとクリスマスはもう目の前です。各家庭ではクリスマスの準備が始まり、もみの枝とろうそくでリースを作って部屋を飾りつけたり、クリスマスのお菓子づくりを始めたりします。一方、町にはクリスマスマーケットが立ち、イルミネーションが飾られ、商店、スーパー、デパートにもクリスマス用のものがあふれます。

クッキーやシュトレンを焼く時の香り、クリスマス市から漂ってくるグリューワインやキャラメルアーモンドの香りは、シナモン、クローブ、カルダモン、バニラ、アニスといったスパイスと甘い砂糖の混ざった、クリスマスらしい香りです。この香りがさらにクリスマスの雰囲気を盛り上げてくれます。

ドイツ最古と言われるドレスデンのクリスマス市「シュトリーツェル・マルクト」。グリューワイン、レープクーヘン、クリスマスオーナメント、エルツ山地の木工芸品などさまざまな屋台が並びます。左に見えるのは、クリスマス・ピラミッドの巨大版

昨今ではシュトレンも多様になってきている。左から「チョコレートシュトレン」「ナッツペースト・シュトレン」「モーンシュトレン」「グルメシュトレン」「伝統的シュトレン」
写真提供：Bernd Kütscher

写真提供：Bernd Kütscher

スパイスの香りのするお菓子、シュトレン

スパイスと砂糖の香りのほのかについた甘いシュトレンは、ドイツ人にとって特別な思い入れのあるものです。それは、シュトレンを口にした時に、子ども時代のアドヴェントやクリスマスの記憶や感情が鮮明に呼び起こされ、幸せな気持ちや当時の家族のこと、小さな自分を思い出すからでしょう。

ドイツは、パリやロンドンのような一極集中の都市を持ちません。自由都市や領邦国家の集まりだった中世から各地方で独特の文化を発展させてきたので、それぞれに育ったお菓子がその土地の名前を冠して今でも根強く残っているのです。特にザクセン州はドイツの中でも名菓発祥の地として有名です。そして、その名菓の中でも特に有名なのが「シュトレン」です。「シュトレン」といえば「ドレスデン」と誰もが思い浮かべるとおり、歴史をひもとくと、多くのシュトレンに関する文献が残っているのは、現在のザクセン州（州都はドレスデン）やその近郊ということがよくわかります。ここには他のドイツの地方よりもずっと長いシュトレンの歴史と各家庭での深い伝統があり、東西分断の時代でも東ドイツの名産品として、東側の人々が西側に住む親戚や友人に送ったものでした。

シュトレンという呼称について

ドイツ国立製パン学校によると、この「シュトレン」という呼称は、まずはその形から、南ドイツのバイエルン州（ザクセン州の南）でついた名称とのことです。バイエルンでは、昔から丸い大きなパンのことを「ライプ」と呼ぶのに対して、楕円形の大きなパンを「シュトレン」と呼んでいるそうです。シュトレンは、今でこそドライフルーツやバターのたっぷり入ったものですが、昔は素朴なパンのようなものでした。

いま、「シュトレン」といえば、誰もが同じお菓子をイメージするほど、ドイツ語の標準語としてドイツ全土で通用しますが、本場のザクセン州やその周りには方言の呼び名が根強く残っています。例えば、ドレスデンでは昔から「シュトレン」とは呼ばず、「シュトリーツェル」と呼んでいますし、西隣のチューリンゲン州では、州都エアフルトを中心に「シットヒェン」と呼ばれているそうです。同州のイエナの町立博物館から「シュトレン地図」というチューリンゲン州の各地でのシュトレンの呼称を分析したものを見せていただきましたが、歴史上残っているこのお菓子を指す呼称は、チューリンゲン州

だけでも14個もありました。

　このように呼び名がたくさんあるのは昔からその地に根付いて愛され、作られてきたお菓子だという証拠だと思います。また、ここに挙げた地名はどこもザクセン州かそこに隣接した州で、この事実からもシュトレンの故郷はやはりザクセンにあって、周りにじわじわと広がったものと思われます。

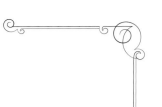

シュトレンの歴史

14世紀

　シュトレンが初めて歴史に登場するのは、１３２９年のナウムブルクです。ナウムブルクは、ドレスデンの西側１３５ｋｍに位置し、ザクセン＝アンハルト州の南端にあります。この年は、ヨーロッパでペストが大流行した直後で、日本では鎌倉幕府の時代にあたります。

　ナウムブルクの司教ハインリッヒは、１３２９年に製パン職人のギルドを作ることを許可し、パン職人たちはその特権に感謝して、クリスマスの贈り物として「シュトレン」を2本献上した、という記録が残っています。

　しかしながら、当時のシュトレンは現在のフルーツ、バター、砂糖がたっぷりのものとはまったく違って、水、燕麦、菜種油で捏ねられた、とても素朴なものでした。というのも、当時のアドヴェント（クリスマス前の4週間）は肉はもちろん卵、乳製品の摂取が禁じられた節制期間だったからです。当時から現在まで変わっていないのはシュトレンの形で、これは幼児イエスがおくるみに包まれている姿を模しています。

15世紀　ドレスデンとバター書簡

　現在、シュトレンの本場とされるドレスデンでみつかった最古の記録は１４７４年で、聖バルトロマイ病院が受け取った請求書に「クリストブロート」と記されたものです。１４８６年の請求書には、「クリストブロート2本、7グロッシェン、クリスマスに貧しい人々に配るため」とも記されています。「クリストブロート」とは、中世のドイツ語で現在の「シュトレン」を意味しました。

　ところで、当時のこの素朴な材料から作られたシュトレンは、味気ない、あまり美味しいとは言えないものだったらしく、貴族の間での人気は衰える一方でした。そんな中、ザクセンの選帝侯エルンストとアルブレヒト3世（勇敢公）の兄弟は、ローマ法王に、シュトレン作りにバターの使用を許可してくれるよう手紙を書きました。それからしばらく後の１４９１年、当時のローマ法王であるインノケンティウス8世は、「バター書簡」として有名なお達しをドレスデン宛に出し、それによってシュトレンには油の代わりにバターの使用が認められたのです。「バター書簡」には次のように記されていました。

「あなたたちの領邦国家では、油の取れる実がなる木がなく、油が全く足りず、あっても高価なうえ品質が悪くて臭いと聞きました。菜種油はあるそうですが、体に悪くあなたの民が病気になるそうですね。ここに、あなたの願いを受け入れ、法王の力によって、あなたたちとその妻たち、息子、娘、宮廷の使用人と兵士にバターの使用を許可します」。

　つまり、この書簡には、節食期間の間、君主とその家族とそこに勤める者がバターを使用してよいと記されています。狭義にとると、宮廷にシュトレンを納める職人だけがバターを使って良いと書かれているわけで、それに違反した者からは罰金をとって、そのお金は教会施設の建設に使うようにとも書かれていました。しかし、この「君主の周りだけ」という条件つきのバター書簡の内容は、すぐに広義にとられるよ

「シュトリーツェル・マルクト」の入り口。アーチの上部には、その年が何回目のクリスマス市なのかが記されている。写真は2009年のもので、575回目のマルクトであることを示している

うになり、次第にシュトレン作りにバターが使われることが広まっていきました。

ちなみに、品種改良前の当時の菜種油は、健康上問題のあるエルカ酸と苦味のあるグルコシノレートを含んでおり、採油方法も現在とは違っていたため、きつい臭いがあり、潤滑剤や灯火の燃料として使用されていたようです。

16世紀　シュトリーツェル・マルクトとザクセンの伝統

ドイツ最古のクリスマス市と言われるドレスデンのクリスマス市は、「シュトリーツェル・マルクト」といいます。1500年頃に初めてシュトリーツェル・マルクトでクリストブロートが一般民衆に売られ始めました。

1560年からは毎年クリスマスの時期、ザクセン州のパン職人たちは、選帝侯に18kgもあるシュトレンを1本か2本献上するようになりました。8人のマイスターと8人の職人がこのシュトレンをかかえて市街を通り城へ運んだのです。

ところで、ドレスデンの西35kmに位置するジーベンレーンという町は当時美味しいシュトレンで有名な町でした。ジーベンレーンのパン職人たちは近郊のマイセンやドレスデンへシュトレンを馬車いっぱいに積んで運んで行っては売る

ようになりました。そのうち、ドレスデンの市議会までもがジーベンレーンのシュトレンを注文するようになり、ついにドレスデンのパン職人たちの怒りは頂点に達してしまいました。彼らはジーベンレーンから来る馬車を城門の前で待ち伏せしてはひっくり返し、なんと火まで点けて追っ払ったといいます。

　そんなドレスデンのシュトレン戦争は、１６４８年にやっと「シュトリーツェル・マルクトで販売してよいのは、ドレスデンのシュトレンだけ」という特権がドレスデンのパン職人たちに与えられたことで終焉を迎えました。

18世紀　バロック時代の演出となった巨大シュトレン

　ザクセン州の歴史でもう一つ、有名な話があります。それは、ザクセン選帝侯として最も有名で、驚異的な怪力の持ち主であったことから「強健王」の異称で呼ばれるアウグスト2世の偉業です。彼は、芸術や建築を深く愛し、絶対主義の演出装置として豪華な宮殿を多く建設しましたが、１７３０年に行った軍事演習はヨーロッパ最大と言われています。２万人以上という招待客のために、ドレスデンの製パンマイスター・ツァハリアスを筆頭に１００人以上のパン職人に卵３６００個、ミルク缶３２６本分の牛乳、

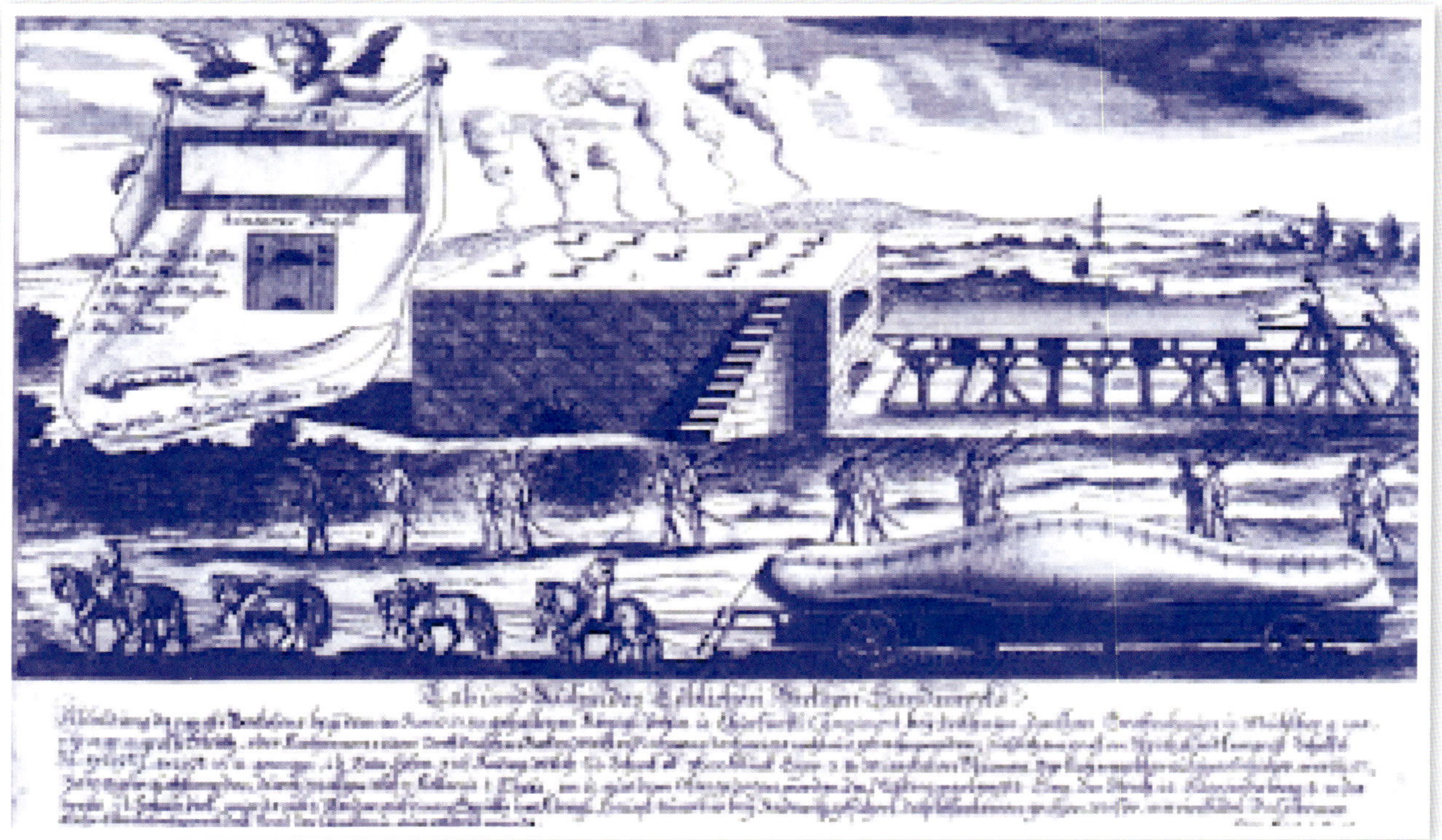

ザクセン選帝侯アウグスト2世が
1730年の軍事演習の際に作らせた巨大シュトレン

1tの小麦粉を使って重さ1・8t、長さ7m、幅3m、高さ30㎝もある巨大シュトレンを作らせました。

さらに、このシュトレンを焼くために、宮廷左官ポッペルマンには専用の巨大窯を作らせ、出来上がったシュトレンを8頭立ての馬車に乗せて市中を通って王の前まで運ばせた後、長さ1・6mのナイフで刃を入れ、24000個に切り分けてゲストに振舞ったということです。

この巨大シュトレンの材料に卵が入っている点、また6月に焼かれた点は現在のシュトレンとかなり様相が違うようですが、それでもバロック時代のシュトレンとして、現在のシュトレンの先祖と捉えられています。

ドライフルーツのきっかけ

ところで、いつ、どこでシュトレンに現在のようなドライフルーツがたっぷり入るようになったのかは、はっきりわかっていません。ドレスデンの北西75㎞に位置するトルガウのパン職人ハインリッヒ・ドラスドが、シュトレンにドライフルーツやアーモンドを入れる方法を思いついたと言われたりしますが、噂どまりで実際のところははっきりしていません。

しかしながら、シュトレンの原形ができた中世から近代に至るまでに、十字軍で遠征した騎士たちがペルシャや地中海で食べたレーズンを持ち帰ったのをきっかけに、ヨーロッパでのレーズンの巨大な需要が生まれ、16世紀にはドイツでもぶどう栽培が盛んに行われ、17世紀にはぶどうとレーズンはすでにヨーロッパ料理になくてはならないものになっていたそうです。

さらに、シュトレンと同じくクリスマスの時期に食べられるレープクーヘンの16世紀のレシピに、交易路の発達とともにアーモンドやオレンジピールとレモンピールが加わるようにもなり、シュトレンのレシピも発達する交易の影響を受けたことは容易に想像できます。

19世紀　高級なお菓子へ

18世紀には、シュトレンがザクセン名物となっていたことは、1786年に詩人のフリードリッヒ・フォン・シラーが親友に、シュトレンを旅のお土産に所望する手紙が残っていることからわかります。

また、19世紀中ごろに砂糖の工業生産が始まって庶民に広まり始めた頃から表面に粉砂糖が振られるようになったようです。それでも、19世紀のクリスマスはまだ富裕層のみのものだったようで、豪華な食事やプレゼントを楽しんでいたのは大都市の貿易商の家だけでした。

ドレスデンのコンディトライ・クロイツマン

ドレスナー・シュトレン
写真提供：Schutzverband Dresdner Stollen e. V.

今、最も見かける形のシュトレン
写真提供：Bernd Kütscher

の歴史によると、19世紀の終わりにはすでに「ドレスナー・シュトレン」を外国へ送っていたようですが、高級品として専門店だけで作られるものだったのではないでしょうか。

20世紀　庶民に根付いたシュトレン

20世紀になって人々の生活が豊かになって初めて、シュトレンは現在のようなリッチな配合と品質のものに完成し、家庭でも焼かれるようになったようです。実際、シュトレン発祥の地、ナウムブルクの新聞に、1907年から家庭に伝わるレシピでシュトレンを焼くおばあさんの記事が載っていました。

しかしながら、このシュトレン、家庭のオーブンではうまく焼けないということと、数が多かったということで、パン屋に材料を持ち込んで焼いてもらう家庭も多かったそうです。

パン屋の工房を借りて シュトレン焼き

ドレスデン郊外のオッテンドルフ・オクリラのベッケライ・ホフマンでも毎年11月最終週から12月22日まで約120軒分のシュトレン焼きをサポートしていました。2代目ヒラー氏は1933年から、どの家族がいつどれぐらいの量のシュトレンを焼いたのか、出来栄えはどうであったのか等、記録をつけるようになったといい、1934年のページが写真で紹介されています。その最初の段には、こう書かれています。

11月30日
ツァンゲさんちのおばあちゃん：16ポンド（1ポンドは500g）の粉から8個のシュトレンを作った。生地はやや重ためで良い。5gの生地改良剤添加。やや小さめに焼きあがった。オーブンの最上段使用。

当時のシュトレン焼きの料金は、粉1kg当たり0・35ライヒスマルクの実費負担にプラスして、1kgあたり0・40ライヒスマルクの製造・焼成料金をいただいていたそうです。

家族総出でのシュトレン焼き 子どもの頃の思い出話

筆者の所属する「ソロプチミスト・インターナショナル」という婦人会のドレスデン支部のハイデマリー・コンラートさんに、戦後の子ども時代の家庭でのシュトレン作りの思い出を話してもらいました。

「私の家でもシュトレン作りは家族の伝統行事でしたね。東西分裂の東ドイツ時代は物資が不

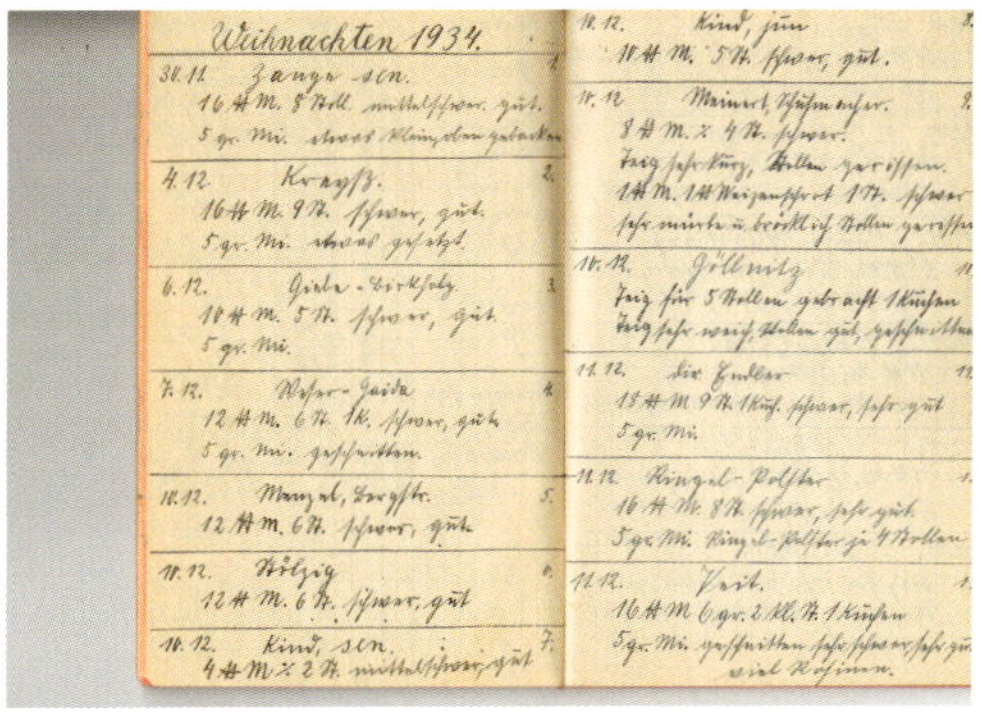

1933年から1938年までヒラー氏が付けていたシュトレンの記録帳。1939年にヒラー氏は第二次世界大戦に召集され、帰らぬ人に
写真提供：Bäckerei Hiller/Hofmann

1933年からベッケライ・ヒラーとしてパン屋を継いだカール・ヴァルター・ヒラー氏
写真提供：Bäckerei Hiller/Hofmann

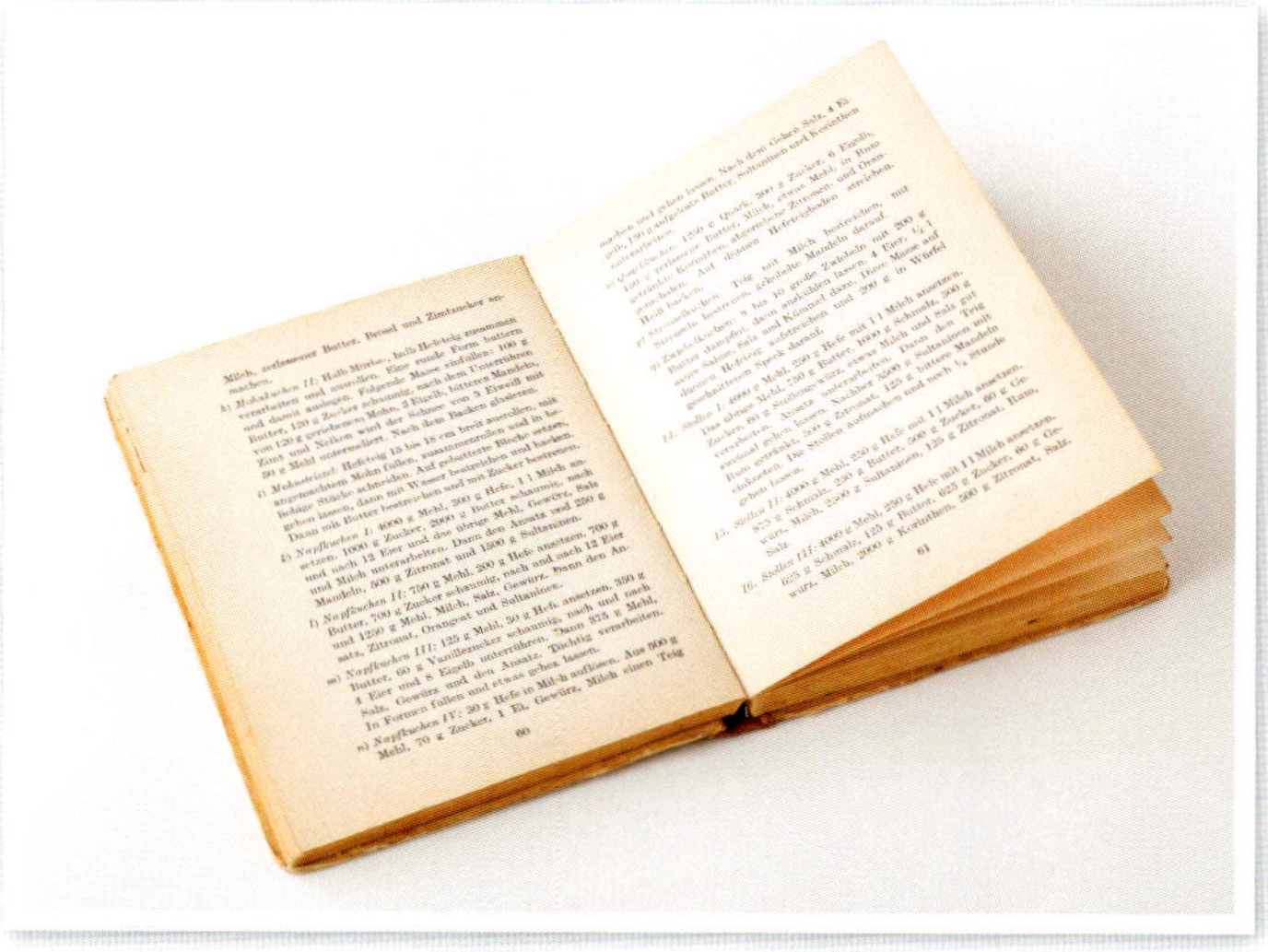

足していたので、シュトレン作りの直前に材料を一度に仕入れることは難しく、シュトレン作りを主に担当していたおばあちゃんは、9月から少しずつ材料を買っては集めていましたよ。家族のために2kgのシュトレンを20個近く焼いていましたので、大量のアーモンド、ビターアーモンド、レーズン、レモンピール、バターが必要だったわ。そしてアーモンドを茹でて皮をむいて粉にし、レーズンとレモンピールをブランデーにつけて・・・。

　シュトレン焼きの日は11月にすでにパン屋から割り当てられていて、その日は家族総出でお手伝いすることが家族の義務のようになっていたわね。みんなで大量の材料を手押し車に載せてパン屋へ運んだのよ。他にも、焼きあがったシュトレンを載せる板や、他の家のシュトレンと区別するために名前の刻印された金属製の名札を各家庭が用意して持っていかなければならなかったわね。

　パン屋では、持ち込んだ材料に加えて粉を分けてもらって、パン職人に生地を作ってもらうのよ。分割して成形したシュトレンには名札を刺して、大きなオーブンで焼いてもらいましたね。シュトレンが窯から出てきたら、大事に板に載せて、家族全員で慎重に担いで家に持ち帰ったのよ。というのも、シュトレンが割れてしまうと家族に不幸があるといわれていたからなの。

　家に持ち帰ったシュトレンはクリスマスまで地下室に保管していました。おばあちゃんは2日に一度、地下に降りて行っては、手ぼうきのように大きな刷毛で、シュトレンに溶かしバターを塗っていましたよ。

　クリスマスが近づくと、シュトレンに粉砂糖をたっぷり振って、クリスマスイヴに初めてナイフを入れることになっていました。たくさん作っていたので、春のイースターまで少しずつ食べていたわね。ただ、どれも手間隙のかかる仕事だったので、残念ながらおばあちゃんが亡くなった後は、家族の誰もこの伝統行事を引き継ぎませんでした」。

　彼女の話してくれたようなパン屋でのシュトレン焼きは、実は今でも細々と続いてます。その一つで工房を主婦に提供しているドレスデン郊外のベッケライ・ヘルティックのオリバー・ヘルティック氏は言います。

「伝統は守り伝えていかなければと思っています。何十年も見ていると、いろんなレシピがあるもんだと思いますよ。ラムをたっぷり使う方や、バターやラードの量のものすごい方もいらっしゃいます。でもね、みんなに共通することがあるんです。それは、みんな自分のシュトレンが一番だって思っていること。一番大事なのは、家族みんなでお母さんのシュトレンは今年も美味しいな、と思うことですよ」。

物資が不足した旧東ドイツ時代

ハイデマリーさんの思い出話でも触れられていますが、旧東ドイツではシュトレンを作るための材料を全部そろえるのは簡単なことではありませんでした。そこで、東西分裂の時代は西ドイツに住む親戚からクリスマスの前になるとレーズンなどのシュトレンの材料を入れた小包が東ドイツへたくさん送られ、お返しに東から西へシュトレンを送るという習慣を持つ家族も多く見受けられたそうです。

東ドイツの国営パン工場では、シュトレンの材料不足から、レモンピールの代わりに青いトマトを砂糖漬けしたものやオレンジピールの代わりにニンジンを砂糖漬けしたものも使われていたそうです。

ドレスデンと、それ以外の地域

ところで、東西ドイツ統一後の１９９１年、ドレスデンとその近郊の約１３０人のパン・お菓子職人が伝統的なシュトレンをブランド化してドレスデン固有の商品として守るために、「ドレスナー・シュトレン保護組合」として地域団体商標登録を取得する活動を始めたことはご存知でしょうか。連邦裁判所において反対側の上告が退けられ、１９９７年からドレスデン風シュトレンを意味する「ドレスナー・シュトレン」は「ドレスデンで作られたものだけ」という決まりが設けられました。

これも地元の職人たちが守ってきた伝統的なお菓子への思い入れの強さからだと理解できます。

ドレスデン以外の地域で

南ドイツやオーストリアでは19世紀からフッツェルブロートまたはクレッツェンブロートと呼ばれるフルーツパンを11月の終わりに、クリスマスのために焼いていたことがわかっています。シュトレンととても似ていて、シナモン、アニス、クローブで風味付けしたパン生地に乾燥させた地元で取れる果物、つまり、梨、プラム、アプリコットやくるみをたくさん混ぜ込んだものですが、バターは入っていません。ドレスデンのシュトレンと同じくクリスマスイヴの夜に初めてナイフを入れて家族に振舞われていたそうです。

筆者の職場の南ドイツ出身の同僚も、

ドレスデン市内のデパートで買った
ドレスナー・シュトレン

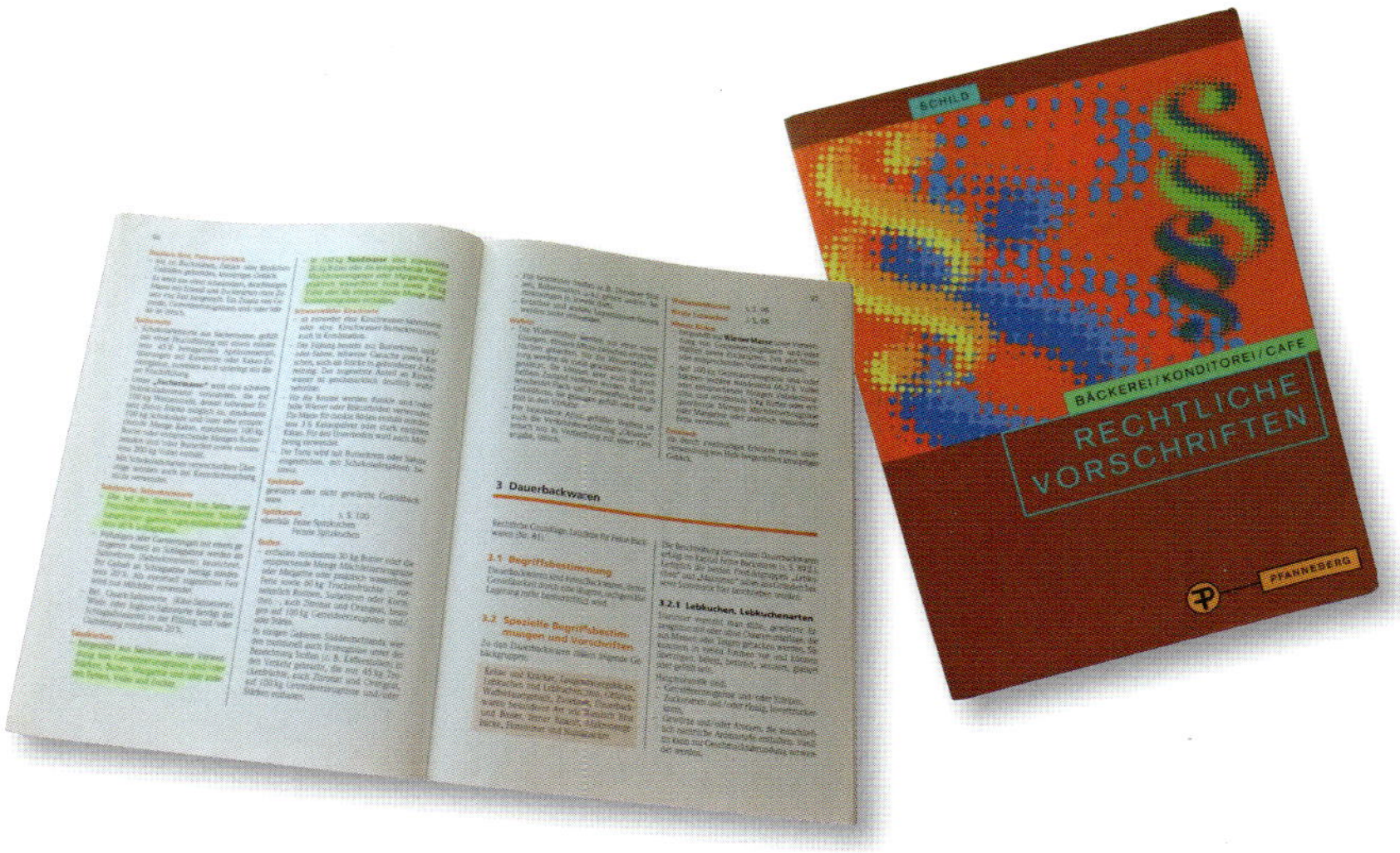

製パンマイスター試験準備コースで使用する「パン屋、ケーキ屋、カフェ」用の公正競争規約を集めた本

１９７０年代の子どもの頃に家庭でクリスマス前に焼いていたのは、地元の果物を使ったフルーツパンで、シュトレンはお店で買うものだったと話していました。

デュッセルドルフ出身の義母も、子どもの頃にシュトレンというお菓子は身の周りになかったと話しています。もともと戦後で物資が不足していたこともありますが、家庭で焼いていたのはクッキーだけで、１９６０年代になって初めてパン屋やデパートでシュトレンが出回っていたのを覚えているようです。その後、婦人雑誌のレシピなどで自分でも焼いてみるようになったとのことでした。

北ドイツのブレーメンには、ブレーマー・クラーベンという、クリスマスのスパイスの香りがするシュトレンに良く似たものもあります。レーズン、レモン・オレンジピール、アーモンドの入ったバターたっぷりのイースト生地を長さ80㎝以上の長い型に入れて焼き、大きくいくつかに切ったもので、港があって交易のさかんだったブレーメンにスパイスやドライフルーツがもたらされるようになった、17世紀ごろから作られていたものだそうです。

調べれば調べるほど、シュトレンはザクセン由来でドレスデンを中心に発展したお菓子で、戦後やっとドイツ全土に広まったものだとわかります。

現代のシュトレンの規約

ドイツでは、消費者保護を目的として、さまざまな食品におけるガイドラインが設けられています。消費者はその商品の名前からある程度の質量や品質を想定して商品を買うので、そこで偽装がないように商品はガイドラインに示された量以上の各原材料を含む必要があります。

「シュトレン」とは、粉１００kgに対して、バター30kg、ドライフルーツ60kgを材料に使用しなければいけません。

「バターシュトレン」は、名称として更に高級感がありますから、バター40kg、ドライフルーツ70kgとなります。

「ドレスナー・シュトレン」についてのガイドラインはドレスナー・シュトレン保護組合が独自に定めており、１００kgの粉に対して、バター50kg、サルタナ種レーズン65kg、レモン・オレンジピール20kg、スイート種・ビター種アーモンド15kgとなっており、さらにリッチな配合に

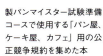

なっています。

保護組合では、２０１２年時点で１３４人の組合員のシュトレンの品質に目を光らせています。

毎年シュトレンの販売がスタートする前の11月のはじめに、多くのドレスデン市民が行きかうショッピングセンターで、シュトレンの味・香り・見た目を12人の検査官が厳しくチェックします。そして20点満点のうち16点以上取らないと、「ドレスナー・シュトレン」という名称で販売してはならない、という決まりがあります。

シュトレンの底に砂糖のかたまりがこびりついていないか、レーズンはクラムの中で均等に混ざっているか、ひとつひとつが減点項目です。幸い、ドレスデンの職人たちは常に最低量の基準を守っていますが、いまだかつて20点満点が出たことがないくらい、検査は厳しいものだそうです。

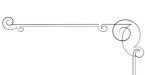

シュトレンを取り巻く厳しい環境

シュトレンのガイドラインは、バターとドライフルーツだけ最低量を決めていますので、それさえクリアすれば、どんなシュトレンも作ることが可能ということです。昔に比べて甘いものも多様化し、レーズンやオレンジ・レモンピールが好きだという年齢層は老齢化の一途をたどっていますし、カロリーを気にする現代においてシュトレンのように砂糖とバターという高カロリーの材料をふんだんに使うものは、残念ながら厳しい環境にあります。

つまり、モノと情報のあふれる現代において、伝統的菓子であるシュトレンにも新しいバリエーションや売り方が求められているということです。幸い、ドレスデンは伝統的なシュトレンを高級品としてブランド化することにより成功していますが、他の地域ではどうやって激安スーパーの提供する1kg3ユーロのシュトレンと差別化するかが成功の鍵となっているようです。

シュトレンの多様性

一つの方向性として、現在のヴァインハイム国立製パン学校のベルント・クッチャー校長の事例が有名です。氏は１９９３年から製粉会社主催で行われているシュトレンコンテストに歴代最多優勝を果たしています。

ライン川とモーゼル川が合流するコブレンツ近郊の町メンディックにあるクッチャー氏のお店では、１９９８年、シュトレンはたった25個しか売れませんでした。彼は一念発起し、顧客へのアンケート結果を元に、レモンピールなし、粉砂糖の代わりにホワイトチョコレートコーティング、そして企業秘密のレシピ改良をしてシュトレン・オスカーに挑戦し、１９９９年から3年連続で優勝しました。「シュトレン」という言葉には、「坑道」という意味もあることから、地元モーゼルワインを生地に使用し、地下１６０ｍの炭鉱坑道で熟成させた「シュトレンのシュトレン」やスペルト小麦を使ったシュトレン等を次々発表し、２００３年には、合計18ｔものシュトレンを製造販売するまでに成長しました。

現在は、クリスマス前の時期には近隣のパン工場と協力して、１２０人が3シフト体制でシュトレン製造にあたっており、ドイツ中のクリスマス市はもとより、日本やアメリカへも輸出しているそうです。

彼は全国規模のコンテストで次々と新作を発表して優勝することで、「シュトレン職人」として知名度を上げ、当時はまだ少なかったテレビのグルメ番組や新聞などのメディアに登場することでますます注目を集めたことも成功の大きな要因でしょう。

しかしながら、今でもコンスタントに売り上げを伸ばしているのは、他とは違うレシピのシュ

ヴァインハイム国立製パン学校で行われたシュトレンセミナーの参加者全員で、さまざまなシュトレンを焼いてみる。赤ワインシュトレン、ヘーゼルナッツペーストのヌス・シュトレン、ドライチェリーを入れたキルシュ・シュトレン、全粒粉のフォルコーン・シュトレンなど

クッチャー氏（右）の「シュトレンのシュトレン」
写真提供：Bernd Kütscher

トレンで地位を確立したことです。

ちなみに、このコンテストは当時シュトレン・オスカーという名前で、品質と売り方が審査対象となっていました。しかし、現在はドイツ各地で地元同士のパン屋が競うコンテストが開催されていることから、2004年からは、バロック時代の巨大シュトレンを焼いたというパン職人の名前にちなんでシュトレン・ツァハリアスと改名され、マーケティングや売り方に重点を置いた審査へと移り変わってきています。

食べ方の習慣

現在では9月からスーパーにシュトレンが並び始めますが、アドヴェント期から食べ始める家庭が多いようです。アドヴェントとは、クリスマスからさかのぼって4回の日曜日のことで、各家庭ではもみの枝と4本のろうそく、輪切りオレンジなどのオーナメントでアドヴェンツクランツというリースを用意します。そして、第一アドヴェントのブランチや午後のコーヒータイムに1本目のろうそくに火を灯し、シュトレンにナイフを入れ、クリスマスクッキーを食べます。ろうそくに火を灯すのは家族が集まる時で、この時期は朝も昼も暗いので、日曜日が来るたびに増えるろうそくの火の数でイエス・キリストの誕生が近いことを確認しつつ、クリスマス前の華やかな雰囲気を楽しみます。

一昔前のドレスデンでは、昔の節制期間の終わりを祝うという意味もあり、クリスマスイヴの夜に初めてシュトレンにナイフを入れ、春のイースターまで3カ月もかけて少しずつ薄く切って食べていました。

現在でも、頑なに伝統を守ってクリスマスイヴに初めて食べる家もありますが、昔と違うのは、春まで食べ続けることはもうしないということです。太りそうだから、クリスマス用に準備したものがなくなったらおしまいだそうです。

シュトレンを味見するためのケーキ

ところで、とても信心深い人であっても、自分で作ったシュトレンの味見はクリスマス前にしてみたいものです。そこで、エルツ地方では昔から、カルトッフェルクーヘンというジャガイモケーキが作られています。

これは、シュトレンの生地に対して3割の蒸したジャガイモのマッシュを混ぜて捏ね、天板に薄く延ばしてよく発酵させて焼き、最後にバターを塗って砂糖を振ったものです。シュトレンの味見ができて、しかも信仰に対して心を痛める必要もありません。エルツ地方のパン屋では、シュトレンとともにこのジャガイモケーキも販売されています。

シュトリーツェル・マルクト。真ん中に見えるのは、子どもたちの大好きな、色とりどり、形もさまざまなグミキャンディーを売る屋台

シュトリーツェル・マルクト内にある子どもクッキー工房では、ドレスナー・シュトレン保護組合のパン・菓子職人たちと一緒にクッキー作りができる

シュトリーツェル・マルクト内にあるシュトレン工房では、ドレスナー・シュトレン保護組合のシニアたちが手作業でシュトレン作りを実演する

クリスマス市とシュトレン祭り

先にも述べたように、ドレスデンのシュトリーツェル・マルクトは、ドイツで最も長い伝統を持つクリスマス市です。クリスマスにゆかりの深い木工芸品で有名な、ドレスデンの南西60㎞に位置するエルツ地方から伝わったクリスマスピラミッドの巨大版がそびえ立ち、さまざまな屋台は様式が統一されていてとても美しい一画を成しています。ドイツの他の地方のクリスマス市では、フライドポテト、ソーセージ、中華の屋台がたくさん出店していてクリスマス市なのか移動遊園地なのか区別のつかないような内容のものも少なくない中、シュトリーツェル・マルクトは内容も雰囲気もよく、「ドイツのクリスマス市」というイメージが壊れることがありません。

また、ドレスデンパン菓子組合による子どもクッキー作り教室があったり、組合のシニアたちがシュトレンを作る様子を見せてくれるコーナーもあります。ドイツ各地でクリスマス市は開催されていますが、本場のクリスマス市を見てみたい場合、ドレスデンはお勧めです。

そこで行われるシュトレン祭りは、比較的新しいお祭りです。東西ドイツ統一後の1994年に第1回目が行われました。毎年第2アドヴェ

2012年のシュトレン祭りで。巨大シュトレンを載せた馬車が、豪華で重厚な建築物に囲まれたドレスデンの町をゆっくりと進む
写真提供：ZASTROW + ZASTROW

シュトレン祭りの会場にて。中世の衣装を着た人たちが音楽を演奏しながら町中を歩き広場に到着した

ントの前日の土曜日に開催されます。

　ドレスデンパン菓子組合、シュトレン保護組合、劇団員、音楽隊の人々が、シュトレンの歴史を再現するように中世の衣装をまとって音楽を鳴らしながらドレスデンの旧市街を練り歩くパレードで、ドレスデンの重厚なバロック建築の美しい建造物が立ち並ぶ街、世界的に有名なゼンパーオーパー（州立歌劇場）、聖母教会、ツヴィンガー宮殿などの側を通って行列は行進していきます。

　その行列の中でもなんといっても一番の目玉は巨大シュトレンの載った山車です。２０１２年の巨大シュトレンはドレスデンの52軒の工房で焼き上げた、一つあたり60×40×7㎝の大きさで重さ8㎏のシュトレンのプレート３９０個を、レンガを積み上げるように粉砂糖とバターを混ぜたものでくっつけながら組み立てて作られたもので、長さ３・64ｍ、幅１・75ｍ、高さ98㎝、重さは３３５４㎏もありました。

　巨大シュトレンを載せた山車が広場に到着すると、ドレスデン市長の音頭のもと、１・６ｍ、重さ12㎏の巨大なナイフでシュトレンにナイフが入れられます。

　この華やかな瞬間を担当するのは、その年の「王室ご用達宮廷パン職人」と「シュトレン娘」です。２０１２年の「王室ご用達宮廷パン職人」は国際製パン・製菓機材総合見本市ＩＢＡでの製パン選手権で優勝したドレスデン出身のレネ・クラウゼ氏でした。「シュトレン娘」は、ドレスデンのパン・菓子職人またはパン・菓子店の販売員の中から毎年選ばれます。

その後、職人たちによって巨大シュトレンは500gずつに切り分けられます。広場のあちこちで中世の衣装を着た販売員からシュトレン金貨を買って、その金貨と交換で切り分けられたシュトレンを受け取ることができます。集まったお金は、2012年は小児がん基金に寄付されました。

（まつがね　みちえ）

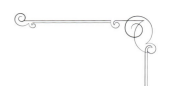

a

c

b

d

e

a. 巨大シュトレンが広場に到着
b. シュトレンプレートを重ねて、巨大シュトレンを組み立てているところ。バターと砂糖を練ったものを接着剤代わりに塗って重ねていく
c. 側面にも塗る
d. 焼成は外に置かれた薪オーブンで
c. これがシュトレン金貨と交換で受け取った、巨大シュトレンの一部

写真のb、cは©ZZDD.DE
写真提供：ZASTROW + ZASTROW

松金 康恵　まつがね みちえ

結婚後、ドイツで製パンマイスターの資格を取得。プロのパン職人として働く２児の母。夫と共に現在はスイス在住

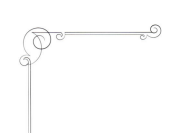

クリスマスとスパイスの温かい関係

ドイツ語には「クリスマスのスパイス」という意味の「ヴァイナハツゲヴュルツ（Weihnachtsgewürz）」という単語があるほど、スパイスとクリスマスは切っても切れない関係にあります。イエス様が誕生した時にやってきた東方の3賢人たちも贈り物の一つに香料を持ってきたといわれていますし、中世の時代のヨーロッパでは、アラブ商人を介して遠くインドや中国からやってきたスパイスは同じ重さの金と交換されるほどの貴重品だったそうです。その後の大航海時代もヴァスコ・ダ・ガマは、インド国王に、来航目的は「キリスト教とスパイスのため」と告げたというほど、ヨーロッパ人にとってスパイスはキリスト教と同じく思い入れの強いものだったようです。

また、スパイスは、その香りの魅力はもちろんのこと、冷蔵庫がなかった時代に、食品、特に肉の保存に役立つ「防腐・抗菌」などの効用に注目が集まりました。ペストが大流行した17世紀のヨーロッパでは、クローブの香りが病気を寄せつけないと信じられ、患者を診る医者は今の消防服のようなものを頭からかぶり、目の部分はガラス張り、口には長い管をつけ、その先に香りの高いクローブを詰めて空気をろ過するという珍案が発明されていたそうです。実際、クローブには抗菌作用だけでなく健胃作用や整腸作用もあるようです。

その他、クリスマスのスパイスとして代表的なものは、クリスマスの寒い時期を健康に過ごすための効能を持つものばかりです。シナモンとカルダモンは体を温め、アニスは消化不良を軽減しますし、バニラは幸せホルモンを分泌させるのだそうです。

日本ではクリスマスというと楽しいイベントという意味合いが強く、恋人や友達と過ごし、お正月は家族と過ごすことが多いのに対して、ヨーロッパでは反対にクリスマスは家族で過ごし、年越しパーティーは楽しく友達や恋人と過ごすことが多いです。
日本ではお正月に一年の無病息災と延命長寿を願ってお屠蘇を飲みますが、その中にはクローブをはじめとする数種類の生薬が使われています。お屠蘇に入っている生薬は、寒中、お酒に入れて服用することで身体から邪気を追い払い、長寿を得られると伝えられてきたそうですが、日本のお正月とヨーロッパのクリスマスは家族行事という共通項の他に、家族の健康を願うスパイスが行事にアクセントをつけている点でも同じなのですね。

（まつがね　みちえ）

出典

Michael Schulze: Stollen. Geschichte und Gegenwart eines Weihnachtsgebäcks, Leipzig 2009

Rechtliche Vorschriften, Egon Schild, 2004

Lernfelder der Bäckerei, Claus Schünemann, 2005

Hommage Dresden
Gesellschaft zur Förderung traditioneller Handwerkskunst in Sachsen mbH

Mitteldeutscher Rundfunk

Industrie und Handelskammer Nürnberg

Konditorei Kreuzmann, Dresden

取材協力

Schutzverband Dresdner Stollen e. V.

Akademie Deutsches Bäckerhandwerk Weinheim
Bernd Kütscher, Direktor der Akademie

Akademie Deutsches Bäckerhandwerk Sachsen e.V.
André Bernatzky, Schulleiter

Bäckerei und Konditorei Hofmann, Ottendorf-Okrilla
Elfriede Hofmann
Gunter Hofmann

Soroptimist International Club Dresden
Heidemarie Conrad

Faber & Marke GmbH & Co. KG
Integrierte Kommunikation, Dresden

ZASTROW + ZASTROW
Marketing, Organisation und Public Relations GmbH, Dresden

Bäckerei Härtig, Brand-Erbisdorf
Oliver Härtig

Thüringisches Wörterbuch
Städtische Museen Jena

COLUMN 1

南西ドイツ ヘレンベルクからの Stollenレポート

新原　優子

　シュトレンは、バターや砂糖が多く入った「リッチなイースト生地」に分類され、ドイツ全土でクリスマスの時期に食べられるイースト菓子です。Stollenはドイツ語では「シュトレン」と発音され、Christstollen（クリストシュトレン）やStolle（シュトレ）などと呼ばれたりもします。

　また、Stollenには「坑道」という意味もあるのですが、菓子シュトレンとの関連については多説あるようです。

　粉砂糖をたっぷりかけたシュトレンの色と形が、産着で包まれた幼子イエス・キリストの姿に見立てられたとも言われています。元々のシュトレンは、現在のものとは違い、非常に簡素な材料で作られた「お供え菓子」であったといわれています。

「シュトレン」現代事情

　現代のシュトレンは、バターをはじめ、ナッツなど高価な材料も多く使っているうえに、かなり手間の掛かる商品ですので、ドイツでも高価なお菓子の一つです。種類やお店によってかなり違いますが、1kgあたり10～15ユーロというところでしょうか。大量生産工場製のシュトレンは、圧倒的に安い価格でスーパーなどで販売されていて、ものによっては味も悪くないようです。ただ、スーパーで夏のバーベキューコーナーが片付けられた直後に、もうクリスマス菓子が並べられるのはちょっと興ざめの感があります。買っている方も、それほど見かけないのですが。

　ところで、シュトレンには、

Mandelstollen（マンデルシュトレン）……「アーモンド入り」

Marzipanstollen（マァツィパンシュトレン）……「マジパンフィリング入り」

Mohnstollen（モーンシュトレン）……「ケシの実フィリング入り」

など、様々なバリエーションがあります。他にも、ビオのシュトレンや全粒粉を使ったシュトレンなどもあります。

　また近年では、ドライフルーツの甘さを好まない人も増えてきていることから、レーズンを入れないタイプのもの、ピールを入れないもの、甘味の少ないドライクランベリーを使ったものなども人気があります。

「シュトレン」はいつ食べる？

　シュトレンは、ドイツではクリスマスに食べるだけでなく、クリスマスを待ちながら祝うアドヴェントの時期にも好んで食べられます。

　大変日持ちのするお菓子ですし、日にちが経った方が味が馴染んで美味しくなるので、クリスマスの1カ月程前に焼いて、または買ってきて少しずつ楽しむのです。日本で言うと、年末に用意したお餅やおせちを、年始に少しずつ食べて楽しむのに感覚的に似ていると言えば分かりやすいかと思います。

　ただ、近年ではやはり、核家族化の影響で食べきりサイズのミニシュトレンも人気のようです。また、

煉瓦づくりの共同窯。昔はみんなここでシュトレンを焼いていました。今でもまだ焼く人はいますが、少なくっています

赤い屋根は、村の共同パン焼き小屋。家庭のパンを焼くこともあれば、村祭りのピザを焼くことも

大型のシュトレンを小分けにして、スライス・包装したものも販売されています。

レープクーヘンやシュペクラティウス、それに様々なクッキーなどもドイツのクリスマスに欠かせないお菓子ですが、「自分の家ではそれらはクリスマスだけに食べるもので、アドヴェントの時期はシュトレンを食べることになっている」と教えてくれた友人もいました。

今も共同パン焼き小屋のある村

かつて、ドイツではパンやお菓子は自分で作るものでした。各家庭にオーブンがまだ普及していなかった頃、村ごとにパン焼き小屋（Backhaus）があり、共同で使われていました。パン屋さんの歴史はもっと古いですが、長い間、それを利用出来るのはお金持ちだけだったのです。一般大衆のために、パン屋さんが製パン・製菓の仕事を専門的に担うようになったのは、第二次大戦後になってからのようです。

私が住んでいる南西ドイツは、今でも村の共同パン焼き小屋がまだ現役で使われている地方です。各家庭でパン焼きに使う他に、村のお祭りでドイツ風のピザやパンを焼くのに大活躍します。パン焼き小屋では古い薪窯が使われており、そこで焼かれたパンの味と香りは言葉で表現出来ない程です。温度調節機能も蒸気注入も、ましてや温度計も無しで、パンや菓子を熱効率良く焼き上げる技術は、いっそ〝芸術〟と呼びたいくらいです。

時代に流されない伝統菓子

この地方には、今でも食事パン、菓子パン、ケーキ、そしてクリスマス前にはシュトレンまでも器用に焼く女性も多いようです。しかしながら、核家族化や女性の社会進出など大きな時代の流れで、近年はシュトレンを買ってきて手軽に済ませる家庭も増えて来ているようです。多くの人に話を聞いた限り、シュトレンの調達方法やその重要度も各家庭で色々でしたが、家それぞれの伝統が守られているようです。そこには、流行や他人の意見に流されないドイツ人の個人主義が垣間見られるように感じます。成人病と肥満の問題を抱える人が少なくないドイツでは、時代を反映してかローカロリーや低脂肪の商品も多く見かけます。

しかしながら、お砂糖とバターたっぷりで高カロリーなこのお菓子は、クリスマスには無くてはならないものという存在意義を保持し続けています。ドイツ人は、流行に流されず、カロリーを気にしながらもこの伝統菓子をこれからもずっと食べ続け、頑固に伝統を守り続けていくのでしょう。私はその頑固さに呆れながらも、羨ましく思うのです。

（しんばら　ゆうこ）

新原 優子　しんばら ゆうこ
製パンマイスター、製パン技術者。ドイツでの製パン研修をコーディネートしている。夫、長女とともに南西ドイツ、ヘレンベルク在住

ドイツに暮らして家庭で作るシュトレン

唐澤　恵美

ドイツに暮らして13年、そのうちドイツとチェコの国境付近のエルツ地方に引っ越して、早くも9年が経ちます。春には、菜の花の黄色い花粉が窓枠をどっさりと覆い、夏には緑の中でのどかに過ごす牛や羊の姿を窓から見ることが出来ます。秋は暗く寒い日々が続きますが、11月の終わりからアドヴェント（キリスト教、待降節）と呼ばれるクリスマスシーズンに入り、一気に雰囲気が明るくなります。クリスマス前4週間のアドヴェントには、クリスマスマーケットへ行ったり、お友達を呼んだり、呼ばれたり、となにかと忙しくなるのです。

エルツ地方の伝統クリスマス

エルツ地方では、シュヴァッブボーゲン[※注1] (Schwibbogen)、ピラミッド[※注2]（Pyramide）、ロイシャマン[※注3]（Räuchermann）などの伝統的なクリスマス装飾が欠かせません。各家庭の窓辺に置かれたシュヴァッブボーゲンの柔らかく温かい光は、派手さはないけれど、落ち着いた心休まる散歩を楽しませてくれます。これはその昔、日の短いこの時期に、1日の大半を鉱山の暗闇の中で過ごした人々を、せめて温かい光で我が家に出迎えようという家族の心遣いでした。その習慣が今、エルツ地方のクリスマスに欠かせないものとなりました。

この時期、我が家にも週末にはお客様を呼ぶことが多くなります。たくさんの光に囲まれ、ロイシャマンからのお香と、ロウソクを立て、くるくる回転するピラミッドを見ながら、コーヒーとシュトレンやクリスマスクッキーで話が盛り上がります。

義母の手づくりシュトレン

8月の終わりから、もう、ドイツのスーパーではクリスマス菓子を販売し始めます。これもどうかと思いますが、きっと売れるのでしょう。今は何でも購入が可能です。主人は旧東ドイツ、もちろん義理の両親もその時代に生活をしていたので、現在のなんでもありふれた環境に、昔

クリスマスマーケットに出ているパンの屋台（Chemnitz ケムニッツ市　ドイツ東部）

クリスマスマーケットの屋台。クリスマスの装飾品を売っている（CELLE ツェレ市）

ドイツ北部CELLEツェレ市のクリスマスマーケットの様子

の良き時代の話をすることがあります。

　義母は、スーパーでのコンビニエンスも手に入れますが、誕生日やクリスマスには手作りを欠かしません。クリスマスに招待されて出かけることもありますが、今まで手作りのシュトレンに会ったことがないです。義母が毎年シュトレンを作っていたこともあり、初めのころは、各家庭にレシピが存在するだろうと考えていましたが、時が経つにつれてシュトレンは購入することが主流になっていると分かりました。ベッカライ（パン屋）やコンディトライ（洋菓子屋）でグラム単位で購入出来ることや、核家族化など、色々な理由で、手作りは貴重品ということを知りました。

　義理の母は、毎年シュトレンを作っています。私も義母から13年前に習い、毎年作るようになりました。彼女は、約1・5kgを3本、いつも作っています。ただ、これでは量が多すぎるのと、同じレシピで作っても義母と同じものは出来上がらないので、最終的には義母のレシピをもとに、自分流に作り変えています。ここ数年、訪問客にも美味しいと言ってもらえるようになりました。日本人が作るシュトレンを、ドイツ人が美味しいと言ってくれるのは、やはり嬉しいですね。

　なんといっても決め手はしっとり感だと思います。私は、第一アドヴェントに食べ始めることに合わせて、大概10月末にシュトレンを作ります。レーズンを漬けこんだり、アーモンドの皮を取ることを前日に行い、当日は、朝から夕方くらいまで時間をかけてじっくりと作ります。時間はかかりますが、簡単に作れるというのが初めて作った時の印象でした。

　この日には、余ったシュトレン生地でもう一品作ることもよくあります。残り生地にゆでてつぶしたジャガイモを混ぜ込み、1cmの厚さに伸ばして、グラニュー糖をかけて焼き上げる「シュトレン生地クーヘン」と言われるものです。

シュトレンが焼けたら・・・・

　焼き上がったシュトレンは、すぐに動かすと壊れやすいので、溶かしバターを刷毛で塗り、グラニュー糖を振ったら壊れないように1日、そのままにしておきます。このシュトレンが壊れると、その家族に来年不幸が起こるという言い伝えもありますので要注意です。

　翌日にはまんべんなく粉砂糖をかけ、アルミホイルを巻き、その上にタオルをまいてビニー

自分で作ったシュトレン

シュトレン生地クーヘン(Stollenteigkuchen)。パン屋さんではシュトレンを焼き始めたころから販売されます。クリスマスの1～2か月前から見かけます

窓辺を飾るシュヴップボーゲン

クリスマスマーケットで見かけたサンタクロースのロイシャマン飾り（ケムニッツ市）

ルの袋に入れます。あるパン屋さんから、シュトレンは6～8度の中で1カ月間熟成させると美味しいものが出来るということを聞いたことがあります。ドイツはこの時期ひとけた気温が多いので、我が家ではガレージでアドヴェント前まで約1カ月間保存しています。

食べる時にはもう一度粉砂糖をたっぷりとふりかけ、約1cm幅に切っていただきます。割れ目のところにバターと砂糖が固まってできる甘くカリッとした歯ごたえと、中の生地のしっとり感が、コーヒーと共に満足感を与えてくれます。このシュトレン、我が家では3月のイースターごろまで、食べることが出来ます。

※注

1 シュヴップボーゲン…エルツ地方に伝わるアーチ型のキャンドル

2 ピラミッド…クリスマスピラミッドとして知られる、エルツ山脈地方の木工民芸品。上に取り付けられたプロペラは、ろうそくの上昇気流でゆっくりと回る

3 ロイシャマン飾り…煙り出し人形。クリスマスのお香を中に入れて火をつけると、口から煙が出る人形

街角に立つ大きなクリスマス・ピラミッド（Adorf村にて）

唐澤 恵美《からさわ めぐみ》

東京出身、2001年からドイツに在住。調理師免許を生かし、2004年からVolkshochschule Chemnitz(VHS市民学校)の日本料理講師

手作りシュトレン
の作り方

1か月後が食べ頃です

＜材料　約1.5kg×2本分＞

小麦粉	1kg
生イースト	126g
牛乳	125ml
グラニュー糖	200g
バニラ砂糖	20g
塩	10g
無塩バター（室温）	400g
メルトバター（市販のもの・室温）	100g
レーズン	350g
ラム酒	約300ml
レモンの皮	2ケ分
マジパン	70g
アーモンド	200g
ビターアーモンド	50g
オレンジピール	100g
レモンピール	100g
バニラ	0.5本
シナモン（粉末）	少々
ナツメッグ（粉末）	少々
無塩バター（溶かして焼成後にぬる）	250g

※注
ビターアーモンド：苦み成分があるが、一定以上食べると有毒なため、ドイツでは薬局にて購入。日本への輸入は不可。
メルトバター：バターを煮たてて、水分とチーズ分を抜いたもの。ドイツでは市販されている。

＜作り方＞

1 前日、ラム酒にレーズンを漬ける。アーモンド2種類は、熱湯を入れて皮をむきやすくして、全て皮を取る。

2 ボールに小麦粉全量のうち200gを入れる。そこに生イーストを細かく手でほぐして入れる。グラニュー糖全量のうちから小さじ2を取り分けてここにふりかけ、人肌位に温めた牛乳を入れる。ふきんをかけてそのまま10分置く。

3 **2**を捏ねる（写真a)。もし生地が手に付くようであれば、粉を少し足す。丸めて、再びボールに戻し、ふきんをかけて約1時間発酵させる。

4 アーモンドをフードプロフェッサーで細かくする。レモンの皮をおろす。バニラはさやから出す。レーズンは水分をきる。

5 **3**にレーズン以外の材料を全て入れて捏ねる。最後に、レーズンを入れて軽く捏ね、丸くしてボールに戻す（写真b)。ふきんをかけて、約2時間発酵させる（写真c）。

6 **5**の生地が少し柔らかくなっているので取り出し、軽く捏ね（写真d）、再び丸めてボールに入れる。ふきんをかけて、約30分生地を休ませる。

7 2つに分割する。丸長のだ円形にして、上から見て3分の2くらいの位置を凹ませる。十分に横に膨らむので、横に長めにする（写真e）。

8 170℃40分、その後150℃に下げて40分焼成する。焼き色が早く付いてしまいそうな場合は、ホイルを上にかける。

9 焼成後、温かいうちに、溶かした無塩バターをまんべんなく刷毛で塗る。その上にグラニュー糖をかける。そのままにしておく（写真f）。

10 翌日、粉砂糖をまんべんなくかけ、アルミホイルでくるむ。その後タオルにくるみ、ビニール袋に入れて保管する。ひとけたの気温で、日の当たらない場所に置いておく。1カ月後が食べごろとなる。食べる2時間ほど前に室温に置く。

シュトレンの具材。左上から時計周りに、ラム酒漬けレーズン、アーモンド2種、マジパン、バニラ、シナモン、ナッツメッグ、レモンピール、オレンジピール、レモン

少量の粉とイーストを先に捏ねて1時間発酵させます

すべてを混ぜて、約2時間発酵させます

2時間発酵させた状態

ここにふきんをかけて、約30分休ませます

成形してこの形に

焼成はじっくりと低めの温度で

COLUMN 3

ドイツ修業で見た
1990年代のStollen作り

ベッカライ　ビオブロート
松崎 太

シュトレン。それは僕にとって懐かしくて、思い出のある特別なクリスマス菓子だ。

◆◆◆

僕は、パン作りを基礎から学ぶために１９９７年にドイツへ出発した。ケルンの語学学校でドイツ語の訓練を受けた後、12月から見習い生活がスタートすることになった。僕の最初の修業先は、シュトレン発祥の地と言われるドレスデンだった。

◆◆◆

ドレスデンの冬はとても寒かった。最も寒かった時はマイナス15度にまで気温は下がった。こうなると鼻から息を吸うと頭が痛くなる。外に出たらそれまで動いていた携帯音楽プレーヤーは動かなくなった。それでも街はクリスマスマーケットで賑わっていた。パン屋も1年で最も忙しい時期だ。

記念すべき修業生活の初日にシュトレンの生地を扱ったので、その時の様子はとても良く覚えている。仕事は夜中の2時半から始まった。ロッゲンブロート、ミッシュブロート、ブロートヒェン等、次々と生地を仕込み、すぐに分割、丸め、成形と、テンポ良く仕事が進んで行った。朝食の休憩の後、シェフが、「Futoshi、これからシュトレンを仕込むぞ!」と言ったのだが、恥ずかしながらこの時僕は、シュトレンが何なのかを知らなかった。

ドライフルーツがやたらと入った生地だなあと思いながらも分割をしていたが、他の生地を扱う時とは明らかに違うシェフの態度にこれはただのパンでは無いということは、言葉がわからなくても理解できた。

僕が働いていたのはザクセン州の手工業の製パン組合の会長の店だったので、よくこの店のシュトレンがメディアにも取り上げられていた。生産量も半端ではなく、忙しい時は、粉50kgを3回仕込んでいた。５００ｇと１kgと１・５kgのものがあったが、５００ｇのものを一日で１０００個焼いた日もあった。

◆◆◆

当時は日本人がとても珍しかったのか、テレビ、新聞、ラジオなど様々なメディアの取材を受けたが、その時に、記者から、君は日本でシュトレンを焼くためにここに来たのか?と聞かれたこともあった。それくらい、ここドレスデンではシュトレンは特別なものだった。

しかし、ここでこのようなことを書くのも気が引けるのだが、僕にはシュトレンは特別に美味しいとは思われなかった。

ドライフルーツとナッツと、油脂をふんだんに使ったスパイスの効いた菓子パンといった感じで、特にスパイスが強すぎると当時は感じていた。シュトレンに限らず、レープクーヘンにしても、スパイスが効いているお菓子は最初の頃はあまり好きになれなかった。3、4年経ってやっと普通に美味しいと思えるようになった。それでもクリスマスはやっぱり生クリームを使ったケーキがいいよなと正直思ったものだ。

◆◆◆

自分たちが製造するものに対してきっちりした基準を自分たちの組織でさだめて、高水準のものを送り出すシステムづくりは、ドイツ人の長けているところだと思う。それは、同時にマーケティングにも

Der Lehrling mit der längsten Anfahrt

Ich backe deutsche Brötchen für Japan

Von BERNHARD SCHILZ

Wer seinen Kopf in die Backstube von Meister Michael Wippler (44) steckt, kommt leicht ins Staunen. Da steht ein waschechter Japaner am Ofen, holt das frischgebackene Vollkornbrot aus der Glut. Futoshi Matsuzaki (26) ist der erste sächsische Bäckerlehrling aus dem fernen Nippon.

Futoshi studierte in seiner Heimatstadt Osaka Sprachen, bis er plötzlich die Liebe zum Brot entdeckte. 18 Monate arbeitete er in einer japanischen Bäckerei, bis ihm das ewige Weißbrot aus dem Hals hing.

„Ich erfuhr, daß in Deutschland der Bäckerberuf ein echter Lehrberuf ist und das man dort auch dunkles Brot backt. Das wollte ich auch." Über die Carl-Duisberg-Gesellschaft wurde er an den Pillnitzer Familienbetrieb Wippler (seit 1910) vermittelt.

Morgens um 2.30 Uhr beginnt sein Arbeitstag. Teig mischen, Brötchen und Brote formen. Kuchen kommt erst im nächsten Lehrjahr dran. Um 12 Uhr ist Feierabend. Danach stehen Jogging, Musikhören oder Lesen auf dem Programm.

Eine kleine Wohnung, nur einen Steinwurf von der Backstube entfernt, ist sein Zuhause. „Alles prima", findet Futoshi. Nur das Bett ist ihm zu weich. In Japan schläft er auf einer dünnen Baumwollmatte auf dem Boden. Hier zieht er kurzerhand ein Laken über ein Brett, schläft darauf – schön hart! Futoshis Traum: „Ich möchte meinen Meister machen und dann in Japan eine Deutsche Bäckerei eröffnen."

Futoshi hat gerade das frische Brot aus dem Ofen geholt. Seine Landsleute will er zu Vollkorn bekehren. Foto: HELIS

ドイツ修業中に取材を受けた新聞記事の1つ。ドレスデンほか、ドイツ内を修業して回るうちにビオと出会い、これを柱に日本で創業。2001年、製パンマイスターを取得

つながっている。

それでも現場で働いたものとして、品質と経営を考えさせられることもあった。

例えば、当時、油脂はバターだけでなく、ラードやマーガリンも使っていたこと。ラードは昔の名残という意味もあるのだろうが、マーガリンに関しては、原価を下げる意味しか考えられなかった。

もちろん、Butterstollenとうたってない以上マーガリンを使うことに問題はないし、Dresdnerstollenでもガイドラインには粉に対して基準量以上の油脂を使い、その内の最低50％をバターにするとあるので問題はない。しかし、本場だからこそ、いいものだけを使って作るという姿勢を見せて欲しかった。

◆◆◆

工房では、仕込みの前日に計量した材料をひとまとめに同じ所において、全てのものが同じ温度になるようにしていた。

フオアタイクと呼ばれる種を作り、30分置く。シュトレンの生地はバターと砂糖の配合が多く、イーストにとっては過酷な環境だ。そこで、粉とイーストだけのシンプルな生地を作って発酵させて、本捏ねにさいして、勢いをつけるというわけだ。

本捏ねも原材料が混ぜあわさる程度に軽いものだ。その後そのまま少し休ませる。これは一次発酵を取るというよりは、その後に大量に投入するドライフルーツやアーモンドが混ざりやすいように、生地を緩めるためだ。

その後に分割、丸め、成形を行い、成形されたものは2次発酵を取らないですぐに窯入れをした。

このことを不思議に思ったが、型が崩れないためにそうしているとのことだ。店によって、2次発酵を取るところもあったし、教科書によっても2次発酵を取るとあったり取らなかったりと様々だった。ただ、ベルーフシューレで製パン理論の先生は、Dresdnerstollenは2次発酵を取らないときっぱり言っていた。

成形の方法は、バタールみたいな感じの太い棒状にしただけの簡単なものだ。真ん中に一本クープをいれてすぐに窯入れをする。

一般的に行われている生地の真ん中を麺棒で延ばして、片方の端をもう片方に被せるといったことはしない。数をたくさん焼くのでいちいち手間のかかる成形をしてられないのだろうと思っていたが、（多分それもあるとは思うが）この方がバターと砂糖をたくさんつけられるとベルーフシューレで習った。

焼きあがった後焦げたレーズンを落としてから溶かしたバターに浸して、すぐに砂糖にまぶした。その後に粉糖を振って完成だ。

シュトレンに限らず、レシピというのはその店の宝だ。ある日、特に深い意味は無く、シェフにシュトレンのレシピを尋ねたら、真顔になって、絶対に他の地に行っても、それを漏らさないと誓えと言われたことが深く印象に残っている。

僕もレシピは大切にしている。僕の焼いているのは全粒粉100％で、スパイスもバニラのみなので、クラシックなものではないが、それでも、今回、シュトレンの本作りの趣旨を聞いて、微力ながらも喜んで協力させていただいた。少しでも参考になれば、嬉しく思う。

美味しいシュトレンを、日本でも

大陽製粉㈱技術顧問　ベッカーマイスター
エルヴィン・ベッツ

１９７０年代、日本のクリスマスは白いケーキだった

　私がドイツパンの技術指導のために初めて日本に来たのは１９７１年11月でした。当時、日本のクリスマスの主役はスポンジにクリームを塗ってイチゴをのせた円形のケーキ。まだ独身だった私を気遣ってか、うちの前に、そのケーキが5個も置いてあった時はびっくりしましたね。当時の日本は、一般的なケーキのクリームの質はあまり良くなくバタークリームが主流だったと思います。値段も安くないのに、どうしてこのケーキが山のように売れていくのか、理解できなかったですよ。

　もちろん私はシュトレンを作りました。でもまだ日本に来たばかりで、事情がよく分かっていなかったので、粉が強すぎたり、材料が十分にそろわなかったりで、あまりいいのは作れませんでした。それでも、新しいものに興味がある方に買っていただけて、その時作った8個は完売しました。

　翌年は、夏から準備しました。さらに12月になったら併設のコーヒーショップで1切れずつ試食に出して、帰りに買っていただく、という方法で、とても評判良く買っていただけました。

　数年後、今までのケーキがあまり売れなくなってきました。高級生クリームの支持者が増えたのです。本物志向です。ならばシュトレンは伸びるだろうと思いましたが、時代はフランスパンブーム。オーブン設備にも限界がありました。

　でも、私は１９７５年から講習会にはシュトレンの型を導入して、作りやすい方法を紹介していました。実際のところ、周囲にはみ出たレーズンが焦げると苦くて、シュトレンの中の味にも影響してくるので、型に入れて焼くのはいいです。

　１９９３年でしたか、本国ドイツのコンテストに自分のシュトレンを送ったら１００点満点の書類が送られてきました。うれしかったですね。

ドイツ、シュトレンの歴史

　私が調べてきたシュトレンの歴史を少しお話しましょう。

　シュトレンの痕跡は１３２９年、ドイツ・ナウムブルクの司教にパン屋がクリスマス用に特別に作ったパンを届けたという話から始まります。ご存じのように北欧の冬はとても寒く、冬の楽しみは格別です。このころ、地元ではクリスマスというより「ワイナーヒテン」とよぶ冬至は、翌日から日が長くなる、春が来るという喜びを待つお祭りの日だったそうです。そこに、のちにキリスト教が来て、イエス様が生まれるという話になったのです。

　日ごろをつつましく質素に暮らしている人々にとって特別なパンはごちそうです。でも、まだドライフルーツが十分に手に入る環境ではなかったので、当時はクルミが入った菓子パンだったと思います。

　また、１５００年以前はまだ共通語も整備されておらず、地方によって「シュトリーツェル」「クリストブロート」「ワイナハブロート」など、呼び方も様々でした。

　さらに、当時のドイツはカトリック

だったため食べ物にも制約が多く、バターも使えない環境でしたが、この許可については「バター書簡」と呼ばれる許可証が届くことで改善への道が開かれました。

シュトレンと言えば、いまもドレスデンが本場と言われます。１６００年代前半にはここで開かれるクリスマスマーケットを舞台に近隣の町のパン屋と地元ドレスデンのパン屋の小競り合いが続き、「シュトレン戦争」と言われるまでになりました。結局、ここでシュトレンを販売して良いのはドレスデンのパン屋だけ、ということで決着がつき、さらにこの頃コーヒーがこの町に入ってきたことで、「シュトレンとコーヒー」のピーアールがあたり、シュトレン人気は広まったようです。

１７３０年夏、アウグスト帝の軍事演習時に披露した1・8ｔのシュトレンの話はあまりにも有名です。群衆や作り手の数は文献によって様々ですが、時の権力者がドレスデンのパン職人を使ってシュトレンで自分の権力を見せつけたのは確かなようです。

ドイツの家族をつなぐシュトレン

そんなシュトレンの国に私が生まれたのは１９３８年です。１９４５年にドイツは東西に分かれましたが、シュトレンはそれぞれの国で作り継がれていました。

私の故郷は南ドイツ、バックナングです。毎年12月になると母が家族のためにシュトレンとクリスマスクッキーを焼いていました。材料の下準備をするのは子どもの役目です。アーモンドの皮をむいたりレーズンの茎をとったり、スパイスを乳鉢ですり合わせたりしていると、村中がスパイスの香りに包まれていきました。

スパイスはその家ごとに配合が違うし、クッキーは作る人によって得意なアイテムが違うので、従姉妹たちとクッキーを交換するのは楽しみでもありました。

シュトレンは焼きたては美味しくないので12月中旬に焼いてクリスマスから食べます。９人家族で、毎年１kgサイズを６本焼いていたと思います。クッキーは焼いた夜に少しもらったらあとはお預け。でも、イヴの夜にはお皿に盛られて、子どももコーヒー（牛乳たっぷり入れて）と一緒に楽しめるんです。コーヒーはこの時期だけは豆から挽いて、年明けまで楽しんでいましたね。

私は14歳からパン屋の修業を始めて25歳で製パンマイスターをとりました。４月に卒業という直前の２月に母は亡くなりましたが、生前、私のシュトレンを美味しいと言ってくれました。ただ、家族はやっぱり母のシュトレンのほうが気に入っていましたね。たっぷりのシナモンに少しのバニラ、黒こしょうにカルダモンが母のシュトレンの香りです。

シュトレンの美味しい食べ方

シュトレンは１～１・５㎝幅にスライスして食べますが、子どもの頃はこれを１枚、いい子にしていると２枚、３枚と許されることがありました。私が育った時代はコーヒーや紅茶との組み合わせが圧倒的でしたが、日本では緑茶や日本酒も合うと思いますよ。でも、私の一番のお勧めは、クリスマスには赤ワインとシュトレンの組み合わせ、これが最高です。

今の日本では、パンやシュトレンは空腹を満たすというより楽しみとして求められています。使う原材料もよくなってますね。最近は、日本でも数種類のスパイスやフルーツをアレンジしたバラエティに富んだ製品が作られるようになりました。日本のシュトレンのレベルは高いと思いますよ。

作り手は、そういった上質のシュトレンを美味しく食べる方法も一緒に提案していってほしいなと思います。きっと、美味しい体験がシュトレンのファンを増やしていくと期待しています。

第2章
シュトレン作りと、その技術

日本のシュトレン作りは
日本の作り手たちの純粋な感動から広がりました。
ここに始まる数々のレシピは
それぞれの作り手なりの
オリジナル・シュトレンへの敬愛があり
それを知った日からの、自分との対話があり
さらに、周囲の理解や支持との接点を模索した結果です。
宗教的、社会的しばりのないここ日本で
いまあるシュトレン作りのかたちは
日本の社会の反映なのかもしれません。

一般社団法人

日本パン技術研究所

Japan Institute of Baking

根岸 靖乃さん

Yasuno Negishi

季節感と身近な提案から クリスマスシーズンの必需品に

クリスマスはスパイスから

ドイツには約10年滞在し、複数の菓子屋のほかパン屋、ホテル等に勤務して製菓マイスターと製パンマイスターを取得しました。

ドイツでは、11月から店頭にシュトレンのほかに、多種類のクリスマス用のクッキーなども登場してきて、楽しさが増します。そして、これらのスパイスの香りがしてくると、「そろそろクリスマスだなあ」と誰もが感じるのです。

材料の決まりと、一般的な形

今回のクリストシュトレンは、フランクフルト北部の菓子屋のレシピを微調整しました。ドイツには製造上のきまりがありますが（詳しくは46ページ）、よくシュトレンの中に棒状に入っているマジパンについては決まりはありません。

水分があるので入れたほうが生地がぱさつかないとか、キリストの体と考える宗教的な背景など、店や人の考え方次第です。

形についても厳密な決まりはありませんが、共通イメージは生まれたてのキリストのおくるみを摸したと言われる、中央部が膨らんだ楕円形で、周囲が白く砂糖で包まれているものです。ただ、ドレスデンでは、やや横広の独特の形の楕円形が多いようです。

日本で広がる可能性大

シュトレンは、クリスマス前の4回の日曜日ごとにスライスして食べると言われています。

美味しいのは、作って2、3日して味がなじんでから。ドイツでは数か月もつといわれますが日本では諸条件が違うので1か月以内が好ましいでしょう。

クリスマス時期の楽しみとして、スライス売りなど手軽な提案があればもっと広まるでしょう。

Christstollen

工　程

前生地　（縦型ミキサー　フック）	
ミキシング	：Ｌ2分　Ｍ2分
捏上温度	：24℃
発　酵	：27℃　75%　30分
本　捏　（縦型ミキサー　ビーター＆フック）	
ミキシング	：**a** のみビーターで均一にしておく。 ↓前生地・粉・牛乳　Ｌ2分　Ｍ3分 **b** をのせて 20 分発酵をとった後に、Ｌ1分～
捏上温度	：24℃
発　酵	：室温　5分
分　割	：330g ×6、400g × 4、170g × 16（粉 2kg 仕込みの場合）
ベンチタイム	：10 分～
成　形	：なまこ形、型入れ、手成形
ホイロ	：室温　10 分
焼　成	：連結のシュトレン型　180℃　35 分 リング型（330g）下天あり 200℃ 窯入れ　10 分後　185℃ 35 分 シュトレン型（400g）下天あり 200℃ 窯入れ　10 分後　185℃ 45 分～
仕上げ	
溶かしバターに浸け、グラニュー糖をまぶす。 1日置いて、粉糖をふりかける。	

・前生地を作るのは、油脂、糖が多く水分が少ない生地でパン酵母の活性が低くなりがちなためです。そのため、多い時はパン酵母が 10% 近いレシピもあります。

・ドライフルーツの漬け込みは、１日程度が一般的でした。それでも、シュトレンの長期保存中に生地から水分を奪っていくので、事前に水分を与える必要はあります。ラム酒に漬けるのは、保水性と香りが目的です。

・ドイツではシーズンに大量に作り、形状をそろえるため、成形は焼き型使用が一般的です。

材料　配合

◎ **前生地**

小麦粉（灰分 0.55%）………14%
牛乳………11.2%
パン酵母（生）………4.5%

◎ **本捏**

小麦粉（灰分 0.55%）………86%
a
- バター（無塩）………40%
- グラニュー糖………9%
- 食塩………1.1%
- シュトレンゲビュルツ（シュトレンスパイス）※………0.6%
- レモン皮（すりおろし）0.1%

牛乳………36%

b
- サルタナレーズン………57%
- シトロンピール………10%
- オレンジピール………15%
- アーモンドスリーバード………25%
- ラム酒………8%

サルタナレーズンは水洗いして水気を切り、１日ラム酒につけておく。ほかの材料とは当日合わせる。

◎ **仕上げ用（粉 2kgに対して）**

バター（無塩）………約 1000g
グラニュー糖………約 500g
粉糖………約 200g

※シュトレンゲビュルツ（シュトレンスパイス）
Stollengewürz

シナモン………10g
ジンジャー………6g
ナツメグ………5g
クローブ………5g
メース………5g
オールスパイス………4g
カルダモン………3.5g
コリアンダー………2.5g

・粉は、ドイツでもシュトレンにもクッキーにもタイプ 550（日本でいう強力粉）を使っていました。ここではフランス産のフランスパン専用粉を使っています。

・アーモンドは、現地では「生」をローストも牛乳づけもせず、そのまま使っていました。

・スパイスの使用は、現地より少なめにしましたが、増やしても 1.2% 程度が上限でしょう。多くなるほどに生地色も濃くなります。スパイスのブレンドは好みです。配合した市販品もあります。多くはシナモンが中心ですが、ジンジャーが入るとすっきり感があります。

・溶かしバターは、上澄みのみを使います。

〈前生地〉

※縦型ミキサー　フック

1

ミキサーボウルに牛乳を入れ、パン酵母（生）をほぐしながら入れ、ホイッパーでよく混ぜて溶かす。

Chef's voice

粉の温度と室温を考え、牛乳の温度は調整してください。

2

粉を入れ、低速 2 分、中速 2 分ミキシング。捏ね上げ温度 24℃。

3

ボウルにあげて、27℃、75％で 30 分発酵させる。

4

30 分経った状態。生地は 26℃位に上がる。

〈前準備〉

5

前日ラム酒に漬けていたサルタナレーズンと、ほかのフルーツピールを混ぜ合わせる。

6

アーモンドは軽くローストしておき、ミキシングの前に牛乳（分量内から使う）に約 15 分浸して、ざるにあげておく。

Chef's voice

アーモンドはローストによって香ばしさを出します。ただし、水分を失ったまま生地に混ぜ込むと生地の水分をとってしまうので、不足分だけ補完する意味で牛乳に浸します。

〈本捏〉

ミキシング

※縦ミキサー　ビーター＆フック

7

ミキサーボウルにバターを入れてやわらかくし、そこへグラニュー糖、食塩、シュトレンゲビュルツ、レモン皮を入れ、ビーターで混ぜる。

8

全体が均一になればよい。

9

8 に、冷やしておいた粉、**4** の前生地、牛乳を入れる。

Chef's voice

捏ね上がり温度が 24℃になるように、材料温度を把握しておきます。

10

低速 2 分でまとまったら、中速 3 分をめどにつながるまで捏ねる。

生地の出来上がり。

11

5 と **6** を生地の上にのせて 20 分発酵をとる。

Chef's voice

次の作業の準備と乾燥防止のため。ここで 20 分発酵をとると、仕上がりが少しふんわりし、フルーツが混ざりやすくなります。

12

低速で 1 分ほどまわす。捏ね上げ温度 24℃。

13

表面が乾かないようにして、室温で 5 分ほど発酵させる。

● 分割

14

粉 2kg 計算の場合で 330g を 6 個、400g を 4 個、170g を 16 個とれる。

15

丸め直して、ベンチタイムを 10 分ほどとる。

● 成形・焼成（型入れの場合）

16

170g の生地を平らにする。

17

向こう側から巻き込んでくる。

18

なまこ形に巻く。

19

転がして、なじませる。表面にフルーツが出ていたら内側に包む。

170g のものは、連結型に入れて四隅をしっかり押さえる。ホイロを室温で 10 分とる。

20

400g の生地も同様に成形し、型に入れ、四隅までしっかり押さえる。ホイロを室温で 10 分とる。

21

連結型はふたをして、180℃で 35 分、焼成。

独立型の場合は、天板にふせ、（下天あり）200℃、10 分後、185℃に落とし、45 分焼成。

途中で、型を外す。表面にほどよい焼き色をつける。

22

中心温度が 95℃前後になればよい。

成形・焼成（手成形の場合）

23
330 gの生地を厚さ1cmに延ばす。周囲は中に折り曲げて、一辺20cmの正方形になるように整える。

24
向こう側を少し大きめに折り、めん棒で押さえる。

25
手前を少なめに折り、めん棒で軽く押さえる。

Chef's voice

このあたりで、表面に飛び出て焦げそうなフルーツはつまみとって生地の中に包み込むようにします。

26
向こう側から手前に折って、少し控えて載せる。

27
向こう側から手前に折って、少し控えて載せる。

28
手成形の完成。

29
天板に移し、周囲だけの枠を置く。

30
（下天あり）200℃で10分後に185℃に落とし、35分焼成。

31
焼き上がり。

〈仕上げ〉

32
熱いうちに約50℃の溶かしバターに浸けて一度取り出す。シュトレンもバターも熱いほうがよくしみ込み、保存性もあがる。

33
一度、網に上げて少し染み込むのを待つ。焦げたレーズンを取り除く。

34
グラニュー糖をまぶす。

35
そのまま室温に1日置く。

36
粉糖をふりかける。

素材が特徴のシュトレン２種

賞味期限は冷蔵で2週間

クリストシュトレンのほかにドイツでよく知られているのがモーン（ブルーポピーシード。日本では黒けしの実）やマンデル（アーモンド）を使ったものです。ここではパウンド型に入れて焼きあげました。

これらは、冷蔵保存で2週間以内の賞味期限が望ましいでしょう。

材料の分量の基準とアレンジ

それぞれ粉100に対して、モーンシュトレンならモーンが20％以上、マンデルシュトレンならマンデルが20％以上というドイツの基準に準じたレシピにしています。マンデルシュトレンではマジパンもマンデルに換算されます。

フィリングと生地のバランスは、生地3に対してフィリング2です。

なお、フィリングのモーンは、挽きすぎるとべたつくので半挽きに。

※注　粉1kg分の生地を作って2分割し、それぞれのフィリングを巻いて2種類を同時に作成することも可能です。参考までに、実数値も併記しました。

モーンフュルング Mohnfüllung

材料と配合		本生地粉 500g に対して
ブルーポピーシード	100%	(250g)
マジパンローマッセ	50%	(125g)
粉糖	40%	(100g)
ケーキクラム	35%	(87.5g)
全卵	35%	(87.5g)
牛乳	25%	(62.5g)
バター（無塩）	20%	(50g)
卵白（硬さ調整用）	10%	(25g)
シナモン	1.6%	(4g)
食塩	0.6%	(1.5g)

工　程

1
ブルーポピーシードは粗く挽き、牛乳に浸しておく。

2
別のボウルにマジパンローマッセとバターを均一に合わせる。

3
粉糖、シナモン、塩を合わせておき、**2**) に混ぜる。その後、卵の一部を入れる。

4
1 を合わせ、ケーキクラムも混ぜる。

5
硬さを見ながら卵の残りも混ぜる。

6
さらに硬ければ、卵白を入れる。

マンデルフュルング Mandelfüllung

材料と配合		本生地粉 500g に対して
マジパンローマッセ （内 2/3 がアーモンド）	100%	(500g)
アーモンドスリーバード	33%	(165g)
卵白	23%	(115g)
レモン皮	0.6%	(3g)

工　程

1
アーモンドはローストしておく。

2
マジパンローマッセとレモン皮を均一の柔らかさに練る。

3
卵白を少しずつ、加えていく。

4
アーモンドを加え混ぜる。

〈前生地〉

※縦型ミキサー　フック

1

ミキサーボウルに牛乳とパン酵母（生）を入れ、ホイッパーでよく混ぜて溶かす。

Chef's voice

粉の温度と室温を考え、牛乳の温度は調整してください。

2

粉を入れ低速2分、中速2分ミキシング。捏ね上げ温度24℃。

3

ボウルにあげて、27℃、75％で30分発酵させる。

〈本捏〉

●ミキシング

※縦型ミキサー　ビーター&フック

4

ミキサーボウルにバターを入れてやわらかくし、そこへグラニュー糖、食塩、シュトレンゲビュルツを入れ、ビーターで混ぜる。

材料　配合（粉500gの場合）

モーンシュトレン Mohnstollen ／マンデルシュトレン Mandelstollen
生地は共通。フェルングを差し替える

◎前生地

小麦粉（灰分0.55%）	40%	(200g)
牛乳	35%	(175g)
パン酵母（生）	5%	(25g)

◎本捏

	小麦粉（灰分0.55%）	60%	(300g)
a	バター（無塩）	40%	(200g)
a	グラニュー糖	12%	(60g)
a	食塩	1%	(5g)
a	シュトレンゲビュルツ	0.4%	(2g)
b	ローストアーモンドダイス	25%	(125g)
b	シトロンピール	10%	(50g)
b	オレンジピール	10%	(50g)
b	モーンフュルング（またはマンデルフュルング）	152%	(760g)

※P.38参照

※P.43参照

モーンフュルング

マンデルフュルング

◎仕上げ

パウンド型（7×7×16.5㎝）4本分

無塩バター	約200g
グラニュー糖	約120g
粉糖	約40g

工　程

前生地（縦型ミキサー　フック）	
ミキシング	：L2分　M2分
捏上温度	：24℃
発　酵	：27℃　75%　30分
本　捏（縦型ミキサー　ビーター&フック）	
ミキシング	：**a**のみビーターで均一にしておく ↓前生地・粉　L2分　M2分　↓**b** L1分〜
捏上温度	：24℃
発　酵	：27℃　75%　15分
分割重量	：290g×4
ベンチタイム	：10分〜
成　形	：16㎝×26㎝にのばし、モーンフュルング（またはマンデルフュルング）190gを塗り、両端から真ん中に向かって巻く
ホイロ	：30℃　80%　25分〜35分
焼　成	：185℃　35分〜
仕上げ	
溶かしバターに浸け、グラニュー糖をまぶす。 1日置いて、粉糖をふりかける。	

5
粉、**4** の前生地を入れて低速で 2 分回す。まとまったら中速 2 分をめどに、生地がつながるまでまわす。

6
刻んだシトロンピール、オレンジピール、ローストしたアーモンドダイスを加え、低速で約 1 分回す。

7
27℃、75%で 15 分発酵させる。

分割

8
290g に分割する。4 個取れる。10 分休ませる。

成形

9
めん棒で、生地を 16㎝（型の長辺）× 26㎝の長方形にのばす

10
190g のモーンフュルングを、生地の端の端まで、薄く均一にのばして中央に印をしておく。マンデルシュトレンの場合はマンデルフュルングを 190g のばす。

11
生地の左右両側から少しずつ巻いていく。

12
内側に油を塗った型に、きっちりと入れる。30℃、80%で 25 分〜 35 分のホイロを取る。

焼成

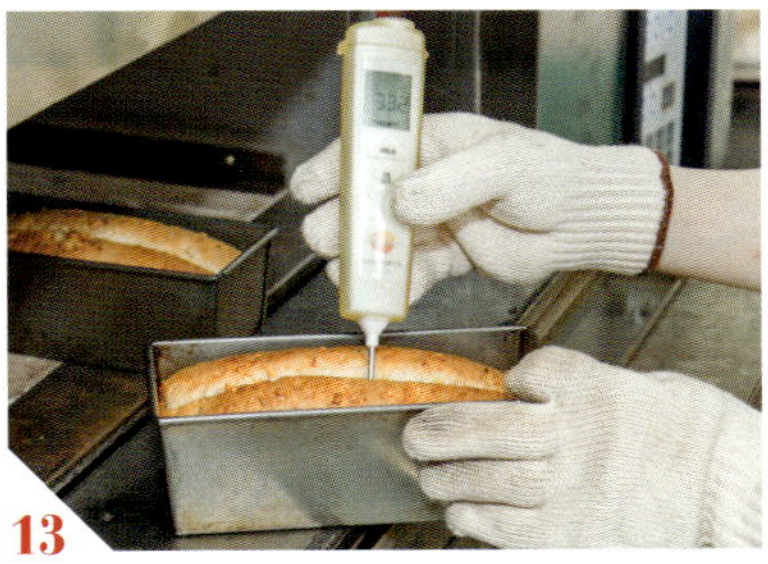

13
185℃で 35 分〜焼成。中心温度 95℃。

14
熱いうちに溶かしバターに浸してバターをしみこませ、網に上げて乾かす。

15
グラニュー糖をまぶす。

16
1 日おいて、粉糖を振りかける。

＜参考資料＞

ドイツにおける
シュトレンについてのガイドライン（抜粋）

※本書で扱ったシュトレンの名称のもののみ抜粋

●シュトレン　Stollen　(クリストシュトレン Christstollen)

粉 100kg に対して
バター 30kg 以上
ドライフルーツ 60kg 以上

●ブッターシュトレン Butterstollen

粉 100kg に対して
バター 40kg 以上
ドライフルーツ 70kg 以上

●モーンシュトレン MohnStollen

粉 100kg に対して
バター 30kg 以上
モーン (けしの実) 20kg 以上

●マンデルシュトレン Mandelstollen

粉 100kg に対して
バター 30kg 以上
マンデル (アーモンド) 20kg 以上

以上、公定競争規約集より

●ドレスナー・クリストシュトレン　Dresdner Christstollen®
(ドレスナー・シュトレン Dresdner Stollen)

粉 100kg に対して
バター 50kg 以上
サルタナ種レーズン 65kg 以上
レモン・オレンジピール 20kg 以上
スイート種・ビター種アーモンド 15kg 以上

以上、ドレスナー・シュトレン保護組合ホームページ（2013 年 9 月）より

写真提供：Schutzverband Dresdner Stollen e. V.

笠原　明さん
Akira Kasahara

シュトレン発祥の地
ドレスデンで習った製法で

ドイツのシュトレンを広く見て

旧東ドイツのドレスデンを始め旧西側も含め、6回にわたって研修を受けてきました。

日本でいま、よく作られている周囲を白く粉糖で包むシュトレンは、ドイツではクリスマス時限定の「クリストシュトレン」と呼ばれるもので、このタイプのシュトレンはドイツでは、店にもよりますが一般的に9月から1月ごろまで作られ、輸出もされています。

また夏場もシュトレンと称されるものは販売されていますが、食感の軽い、菓子パンのようなものでした。

ドレスデン風は形が特徴

今回のレシピは私がドレスデンで講習を受けた伝統的なクリストシュトレンです。

ドイツのレシピには細かなガイドライン（46ページ参照）があり、これもそれに準じていますが、日本の材料でできるように少し調整しています。

ガイドラインでは規定されていませんがドレスデンのシュトレンで特徴的なのは形です。なまこ形にまとめた生地の中央に深めに一本まっすぐナイフを入れ、焼き上がると大きく横に割れ目が開き、平べったくなります。中央部分は一晩置くことで沈みます。そのほか、フルーツは旧西側は長く漬け込みますが、東側はあまり漬け込まない代わりに、焼きあげてから1カ月以上熟成させるようです。

「ドレスナー・シュトレン」と名乗れるのはガイドラインを守ってドレスデンで作られ、地元の保護組合の検査に合格したものだけです。合格すると、晴れてオリジナルシールが与えられ、それを貼って「ドレスナー・シュトレン」として販売されるのです。

※ここでは平たいタイプ（上写真の上）を紹介しますが、ドレスデンには、一般的な形（上写真の下）のものもあります。

Akira Kasahara

〈中種〉

1
パン酵母（生）を水に溶かす。

2
粉を入れた縦型ミキサーに水に溶かしたイーストを入れ、ミキシング。低速２分、高速２分。

3
生地がボウルから離れる程度にまとまったら、取り出す。捏ね上げ温度 28 ～ 32℃。30 ～ 40 分置く。

Chef's voice

このくらいに捏ね上げられるように、最初の水温を調節します。

4

材料　配合

◎ 中 種

小麦粉	30%
パン酵母（生）	5%
水	20%

◎ 前 処 理

マジパン	15%
砂糖	15%
バター（無塩）	40%
ショートニング	15%
塩	1.5%

◎ 本 捏

小麦粉	70%
アーモンドプードル	20%
※ビターアーモンド（日本では入手不可能のためなくて可）	3%
脱脂粉乳	5%
ナツメッグ	少々
水	30%

● 漬け込みフルーツ

サルタナレーズン	100%
※ローストアーモンド（Smil Reimnn 社ではなし）	10%
オレンジピール	10%
シトロンピール	10%
ラム酒	10%
ブランデー	7%

２～３時間前に全材料を混ぜ合わせる

◎ 仕 上 げ

溶かしバター	適量
グラニュー糖	適量
粉糖	適量

工　程

中 種

ミキシング（縦型）	：L２分　H２分　捏ね上げ温度 30℃
発　酵	：30 ～ 40 分

本 捏

ミキシング（縦型）	：L 10 分　↓油脂　L 5 分　H 7 ～ 10 分　↓フルーツ　L 2.5 分 捏ね上げ温度　22 ～ 24℃
発　酵	：20 ～ 30 分　28℃
分割重量	：500g、750g、1000g（写真は 200g、600g）
ベンチタイム	：5 ～ 10 分
成　形	：なまこ成形後、ナイフで表面を縦長に深めにカットする
焼　成	：200℃　50 ～ 60 分

仕上げ

溶かしバターを塗り、人肌まで冷やし、細かめのグラニュー糖を全面にかけ常温保存。
翌日、表面に粉糖を掛け、ラップ掛け後 15℃以下で３週間以上保管。
再度、粉糖を掛け、ラップし販売する。

〈前工程〉

5
マジパン、砂糖、塩をビーターでよく合わせておく。油脂も加えてクリーム状にする。縦型ミキサーの場合は、ここでアーモンドプードルも入れておく。スパイラルなら、本捏時でよい。

Chef's voice

マジパンは、他地域では自由だが、ドレスデンではアーモンドの最低値基準があるため、練り込む、包む、また粉として混ぜて計算する場合もあります。

〈本捏〉

●ミキシング

6
ミキサーボウルに粉、脱脂粉乳、水、ビターアーモンド、中種を入れて、低速で5分ほど回す。

7
ある程度混ざったら、少しずつ、前処理でクリーミングしておいたものを加えていく。

8
中速で10分回す。

9
生地がつながったらフルーツを入れる。

Chef's voice

ドレスデンではスパイスは入れず、フレーバーを足すときはオレンジ、レモン等のフルーツ系の場合が多いようです。

10
低速で2分、中速で2分程度。捏ね上げ温度24℃。

11
そのまま20～30分置く。

●分割・丸め

12
750g、400g、200gに分割。

13
含んでいるガスを押し出すように、まるめる。

Chef's voice

生地は、つまっている方がしっとり仕上がります。

14
5～10分休ませる。

★溶かしバターの準備

15
バターを加熱して溶かす。

16
上に浮いたアク(乳たんぱく)を茶こしですくう。

成形

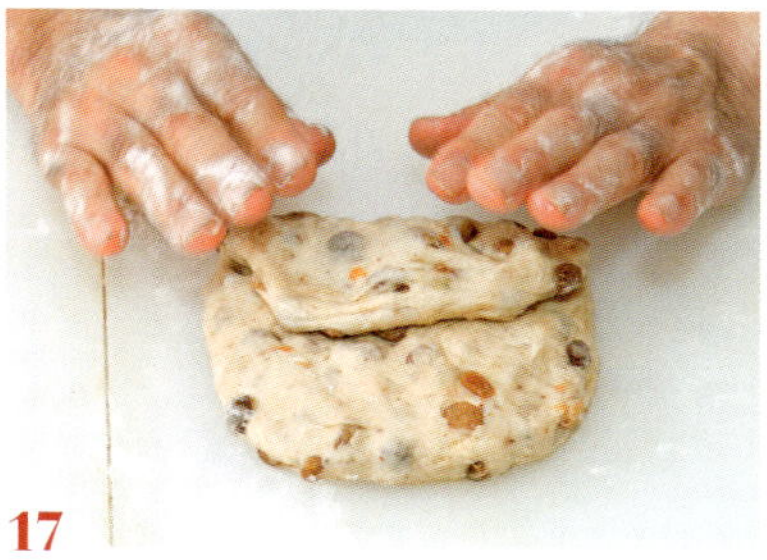

17
265 生地を軽くたたいてのばし、手前から1/3 程度折る。

18
向こうからかぶせるように折る。

19
左右を少し寄せる。

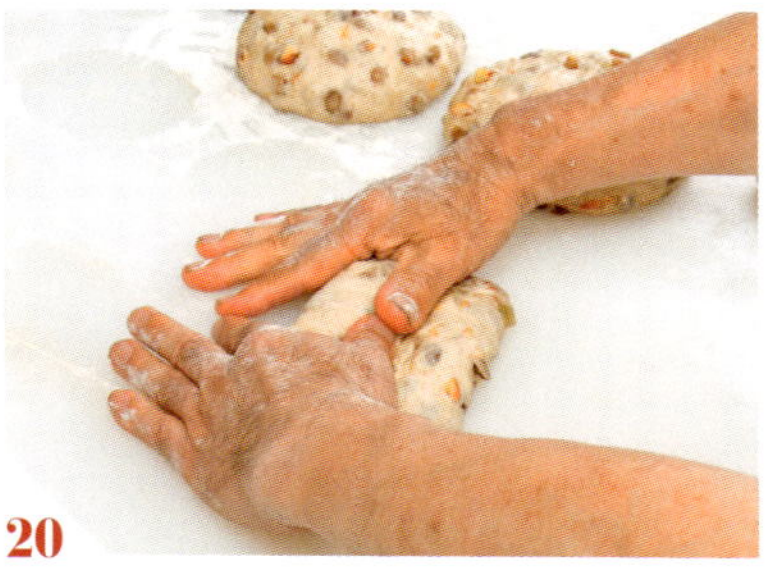

20
さらに二つに折る。

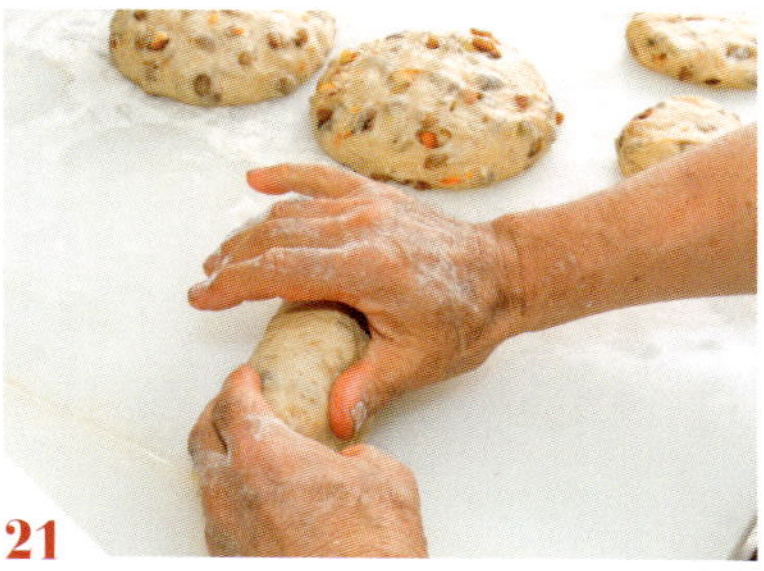

21
つなぎめを閉じる。

焼成

22
天板にのせ、クープを深めに入れる。

23
200℃で 50 ～ 60 分焼成。

24
表面に出て焦げたレーズンを取り除く。

★型入れ焼成の場合

25
型に入れる。

26
ふたをして焼成。

〈仕上げ〉

27
熱いうちに網にのせ、バターをたっぷり、2 回かける。

28
裏返しても、かける。

29
人肌ぐらいで冷ましたら、グラニュー糖を全体にまぶす。そのまま常温で保存。

30
翌日、粉糖をかける。ラップがけして 15℃以下で 3 週間以上保存の後、販売前に、一度ラップを外し、再び粉糖をかけて包装する。

大サイズ　2,900円（税別）
中サイズ　2,400円（税別）
小サイズ　1,050円（税別）

Bakery & Cafe

TSUMUGI

竹谷 光司さん
Koji Takeya

ベーシックなシュトーレンの発信 それが自分の役割だと思って

シュトーレンとの出会い

40年以上前、20代の前半に3年間、ドイツ北部のパン屋で修業しました。私のシュトーレンは、このときのレシピがベースです。違うのは大きさですね。あのころ、ドイツでシュトーレンといったら最低でも1個1kgでしたから。

日本でも20年ほど前、仲間たちと何種類ものシュトーレンを研究しました。中でも酒種のシュトーレンは美味しかったですね。ただ、私の役割は、この店でオリジンのシュトーレンを日本に発信し続けることだと思っていますから、レシピはベーシックなものを守っています。

今回のレシピの特徴

その一つとして、中にマジパンを包む製法。これはドイツでは定番ですし、商品を寝かせているうちに水分が生地全体にしっとりと回って美味しくなるということもあります。

ただ、それでも日本でやっているので材料や味わいなど、日本人になじむような工夫もしています。

たとえば、小麦粉の半分は国産小麦「薫風」を使ったり、スパイスは日本人には受けないと思って入れなかったり。また、グルテンはあまり出さないけれどボリュームはほしい。そのために液種を使っています。

数日経ってからが美味しい

美味しいのは、やはり焼き立てより4、5日経ってからです。

また、バターは刷毛で塗るだけではなく、しっかり浸したほうがいいです。しっとりとした食感を製品に与えながら、外側にオイルの膜を作って乾燥と雑菌から守ることで日持ちもよくなります。

Tsumugi

〈液種・ミキシング〉

1

液種を約30℃に捏ね上げるために、牛乳は35℃程度に温めておく。

2

パン酵母（生）に、温めた牛乳を注ぐ。ホイッパーで均一に溶かす。

Chef's voice

牛乳は、パン酵母の臭みをマスキングする役割もあります！

3

粉を入れ、低速1分、中速4分でミキシング。捏ね上げ温度30℃。

4

27℃　湿度75%で発酵30分。このとき、本捏ね用の粉を上面に少量振っておく。

材料　配合

◎ 液種

小麦粉（セイバリー）	30%
パン酵母（生）	6%
牛乳	30%

◎ 本捏

小麦粉（セイバリー）	20%	前日より冷蔵庫に
小麦粉（薫風）	50%	前日より冷蔵庫に
食塩（天日塩）	2%	前日より冷蔵庫に
上白糖	10%	前日より冷蔵庫に
バター	30%	前日より冷蔵庫に
牛乳	6%	
フルーツ&ナッツ	110%	

● フルーツ & ナッツ

レーズン	60%	1ヶ月以上つける
オレンジピール	10%	1ヶ月以上つける
レモンピール	10%	1ヶ月以上つける
キルシュヴァッサー	2%	1ヶ月以上つける
ラム酒	8%	1ヶ月以上つける
くるみ（6～8割）※	10%	
アーモンド（ホール）※	10%	

※は仕込む前日に混ぜる。表面だけでもしっとりさせるとパンを老化させません。長く漬けすぎるとナッツ類は食感を損ないます。

● 自家製マジパン

アーモンドプードル（ロースト）皮なし	100%
上白糖	65%
牛乳	32%
ラム酒	4%

バターはオーブンで10分程度で溶ける

◎ 仕上げ

溶かしバター（無塩）	40%
グラニュー糖	適量
粉糖	適量

工　程

液 種	
ミキシング	：L1分　M4分　全材料を均一に混ぜる。捏ね上げ温度30℃
発 酵	：27℃　75%　30～40分
本 捏	
ミキシング	：L6分　↓フルーツ投入　L2分　捏ね上げ温度22℃
発 酵	：室温24℃位で、乾かないように覆いをする。15～20分
分 割	：180g、480g、650g（比容積1.7、マジパン20、40、50gを用意する）
ベンチタイム	：なし
成 形	：めん棒でのばし、中央にマジパンを乗せてロール状に包む
ホイロ	：32℃　75%　30～40分
焼 成	：185℃　60分
仕上げ	
無塩バターに漬け込み後、グラニュー糖を薄くかけ、包装直前に粉糖をかける。	

〈前工程〉

マジパン

※ 日本にまだ、マジパンが流通していなかった時代にとっていた製法です

5
すべての材料がなじむ程度まで、ボウルの中で混ぜる。

6
作業台に取り出し、さらに捏ねる。手粉代わりに粉糖を使う。

7
50、40、20g の円柱形にまとめる。粉糖を振る。

8
本捏ねの材料は、写真のように合わせて冷蔵庫に保管しておく。

Chef's voice

バターが溶けないように、捏ね上げ温度は 22℃以下を目指して下さい。時間が短いときは冷凍庫でもよいでしょう。

〈本捏〉

ミキシング

9
4 で 30 分の発酵をとった液種。

10
9 に冷蔵庫で冷やしておいた材料と冷たいままの牛乳を入れ、生地がまとまるまでミキシング (低速 6 分)。

11
低速 6 分で、四角く切ったバターがほぼなくなる程度が望ましい。

12
フルーツ & ナッツを入れる。

13
低速 2 分で均一に混ぜる。捏ね上げ温度 22℃。

発酵

14
乾燥を防ぎながら 15 分程度ねかせる。表面のべたつきがなくなり、作業性が上がる。

分割・丸め

15
大・中・小それぞれ 650、480、180g に分割。生地は軽く揉み直して、まるめる。

成形

16
めん棒で楕円にのばし、中央にマジパンを乗せ、ロール状に包む。

17

両端は、つまんで閉じる。表面に出ているレーズンは焦げると苦味が出るので取り除き、生地の内側に入れる。

18

生地の閉じめを上にして、バターを塗った型に入れ、しっかり押さえ込む。

● ホイロ

19

蓋のない型は、天板にかぶせてホイロを取る。32℃、75% で 30 ～ 40 分置く。

● 焼成

20

このあと窯伸びしてちょうど型に収まる程度のところでホイロ終了。ふたをして焼成。

21

上下 185℃に設定したオーブンに入れる。扉を閉めて 180℃に再設定、45 ～ 60 分焼成。

22

23

この程度の焼き色になったら取り出す。中サイズは 45 分。

〈仕上げ〉

24

オーブンで溶かした (10 分) 無塩バターに漬ける。(1 回目)。網の上で少し乾かしてもう一度、漬ける (2 回目)。

25

残ったバターを刷毛で塗る。これで焼き上げたシュトーレンにちょうど 40%の仕上げ用溶かしバターが塗りきれる計算。

26

バターが半乾きになった状態でグラニュー糖を薄くかけ、はたく。

27

完全に冷え、販売または包装直前に粉糖をかける。

大サイズ　3,700円（税込）
小サイズ　960円（税込）

パン工房

ボワドオル

Bois d'or

金林 達郎さん
Tatsurou Kanabayashi

「うまい食べ物だなあ」日本とドイツで感動しました

自分なりの座標軸を持って

いまから40年ほど前、私が26歳でドーメルに行った時は、すでにシュトレンをやっていましたね。当時、チーフの竹内豫一さんが手成形で作っていて、そのときに自分のおいしさの座標軸ができたんだと思います。

のちに私もドイツ研修に行かせてもらい、改めてうまい食べ物だなあと思い、１９８０年代後半にはドイツから型をとりよせて焼いていましたね。レシピはドイツで習ったのと、それまで日本で習ったのとを自分流にアレンジして今の形にしました。

マジパンの量を変えました

１９９６年に帝国ホテルに移った時、最初の年に提案したんですが、当時は「売れない」と反対されました。それでも作り続けていたら支持されるようになって数字も上がりました。ただ、ナッツやけしの実のペーストなどのシュトレンは苦戦しました。時代が早すぎたのかもしれません。

帝国ホテル時代と今と、レシピを変えたところが一つだけあります。マジパンの量です。ホテル時代は大型サイズで１００gのマジパンを包んで、断面もまるで日の丸のようだったのですが、今は60gにしました。この方が、バランスがいいような気がします。

焦がしバターで美味しさ保持

ずっと変えないでいるのは、最後に浸すバターが、すましバターではなく焦がしバターであること。バターに余分な成分が残っていると、シュトレンが一週間で臭くなるからです。

室温で1週間ほどおいてからが食べごろです。甘い白ワインと一緒に。そんな食べ方はいかがでしょう。

Bois d'or

〈中種〉

1
ミキサーボウル（縦型）に、パン酵母（生）と牛乳を入れ、軽く回して溶かす。

2
粉も加え、低速5分をめどに回す。ひとまとまりになればよい。捏ね上げ温度25℃。

3
このまま置いて、30分の発酵をとる。上に本捏で使う粉をのせておく。

4
乾燥防止になるのと同時に、中種が膨らんだらひび割れでわかる。

5
30分後、粉がひび割れて発酵の状態がわかりやすい。

材料　配合

◎ 中種

カメリヤ	50%	1500g
パン酵母（生）	7%	210g
牛乳	30%	900g

◎ 本捏

リスドオル	50%	1500g
砂糖	15%	450g
塩	1.5%	45g
バター（無塩）	30%	900g
ショートニング	15%	450g
ローマジパン	10%	300g
フルーツミックス	120%	3600g

（砂糖〜ローマジパン）前もってクリーミングしておく

● フルーツ洋酒漬け

レーズン	4080g
サルタナ	1800g
オレンジピール	600g
シトロンピール	1125g
ラム酒	600g
ブランデー	300g
焼酎	300g

全部あわせて、1カ月以上漬けこむ

〈前日〉

フルーツ洋酒漬け（上記から）	2850g
くるみ（ロースト）	300g
アーモンド（半割ロースト）	150g
フィグ（四つ割）	300g
シナモン	3g
ナツメグ	2g

（くるみ・アーモンド）ローストして水に入れ、水をきる

◎ 成形時

ローマジパン……60g（大）、20g（小）

◎ 仕上げ

無塩バター	1：1であわせて溶かす（次ページ7を参照）
加塩バター	
グラニュー糖	適量
粉糖	適量

工　程

中　種

ミキシング（縦型）	：L5分
捏ね上げ温度	：25℃
発　酵	：30分

本　捏

ミキシング（縦型）	：L 5分　M9～10分　止めて10分　フルーツ↓　L 2分～
捏ね上げ温度	：26℃
発　酵	：0～10分
分割重量	：170g　650g
ベンチタイム	：0～10分
ホイロ	：30℃　20～30分
焼　成	：210℃／200℃（ボンガード）または190℃／190℃（固定窯）、30分（170g）、50分（650g）

仕上げ

水分をとばし、少し色が着くまで加熱したバターにさっと漬け、冷ます。
グラニュー糖をまぶす。翌日、粉糖をかけラッピング。

〈前工程〉

6

前日、1か月以上前から洋酒漬けにしていたフルーツと、ローストして水に入れ、すぐ水を切ったナッツ類、さらにスパイスを混ぜておく。

Chef's voice

ナッツは、生のままでは完全に火が通らないので、事前にローストします。ただし、そのまま混ぜると生地の水分を吸ってしまうので、軽く水を含ませるのです。

7

加塩バターと無塩バターを合わせて弱火にかけ、時間をかけて水分を飛ばす。さらに、少し色が付くまで加熱し、バターミルクと乳タンパクを取り除く。市販の「焦がしバター」でも可。

8

マジパンを 20g と 60g の棒状にまとめておく。

9

砂糖、塩、バター、ショートニング、ローマジパンをクリーミングしておく。

〈本捏〉

● ミキシング

10

5 のボウルに **9** のクリーミングしたものを加え、混ぜる。

11

低速で 5 分、中速にして 9 ～ 10 分まわす。

12

止めて 10 分ほどおく。生地が緩むので、フルーツが混ぜやすくなる。

13

フルーツ **6** を入れる。

14

低速で 3、4 分回し、まんべんなく混ざるようにする。フルーツについていた酒の水分が生地に吸収されるまで、少し待つ。捏ね上げ温度 26℃。

15

作業台の上に取り出し、丸めて少し待つ。

● 分割・成形

16

170g と 650g に分割する。

17

次の工程でマジパンを包むので、なまこ形に生地をまるめて休ませる。

18

生地を平たい楕円形に伸ばし、中心にマジパンが来るように巻く。

19

つなぎめを上にして、型に入れる。型のすみまで生地が行くように手で押さえる。

● ホイロ

20

室温または30℃で20～30分、ホイロをとる。

● 焼成

21

型にふたをして、焼成。

22

210 ℃／200 ℃（ボンガード）、190 ℃／190℃（固定窯）の設定で30分（170g）、50分（650g）。

23

焦がしバターを温めておく（50℃程度）。

24

焼けたら型をはずし、粗熱を取りながら、余分な水分も飛ばす。

〈仕上げ〉

25

手で持てるくらいまで冷めたら、温めた焦がしバターにさっと浸ける。

26

常温程度まで冷ます。

27

グラニュー糖をまぶす。

28

この状態で、一晩おく。

29

翌日、粉糖をかける。

30

ラッピングする。

山﨑　豊さん
Yutaka Yamasaki

火抜けがよくて、しっとりとした シュトレンを目指しました

まず、目指すイメージを決めて

30年ほど前からドイツには何度となく行っていますが、その中で出会ったシュトレンは様々で、つまるところ、どんなシュトレンを作りたいか、作り手の考え方が一番大切なんだと思います。

また、やはり文化の伝承ということで、私はなるべく伝統的な製法を大切に考えています。

私は火抜けがよくて、しっとり仕上げたいので、生地にマジパンを入れ、手成形で型を使わずに焼いています。ただ最近の嗜好として型を使用してよりしっとりとした食感を求めたり、形がきれいに揃ったほうが好まれるので、ここでは型を使用した作り方を紹介します。型を使わない場合は、成形と焼成温度に注意が必要です。

お酒は香り重視で

日本ではフルーツを漬け込むお酒は原価を重視する人が多いのですが、私はなるべくよいお酒を使います。せっかく良い材料を使うなら素材の持ち味を引きたてる香りのよいお酒を使うことでバランスも良くなるからです。

また、保存のためにバターに漬け込み、さらに砂糖の層を作るのが一般的ですが、最近では健康志向で、また昔のような保存目的も薄らぎ、バターには漬け込まず、軽く刷毛で塗る店もドイツでは増えています。

食べ方は柔軟に広がっています

美味しいのは、熟成が進んだ焼成後1カ月くらい経ってから。焼き立てもなかなか美味しいですが、生地のバランスが悪いので、ぜひ、熟成を確認したいものです。

最近では、冷蔵庫で保管して、冷たいままを楽しんだり、アイスクリームやフルーツを添えたり、好みのブランデーやリキュールをかけたりと、いろいろな食べ方をされています。

Yutaka Yamasaki

〈中種〉

1
牛乳にパン酵母（生）を入れてホイッパーで溶かす。

2
粉を入れて混ぜる。捏ね上げ温度 24℃。26℃で 40 分置く。

〈前工程〉

3
ボウルに前工程の材料を入れ、ホイッパーでしっかり混ぜる。

〈本捏〉

●ミキシング

4
粉と脱脂粉乳が入ったミキサーボウルに、**2** の中種と **3** を入れる。

材料　配合

◎中種
エクリチュール（フランス産小麦）25%
パン酵母（生）……7.5%
牛乳……25%

◎前工程
バター（無塩）……50%
砂糖……8%
ゲランドの塩……1.5%
リューベッカーローマッセ……10%
卵黄……8%
レモンゼスト……2%

◎本捏
エクリチュール（フランス産小麦）
……75%
脱脂粉乳……5%

●フルーツ
サルタナレーズン……60%
モハベレーズン……60%
オレンジピール……40%
レモンピール……12%
クランベリー……15%
ハチミツ……5%
ラム酒……20%
バニラビーンズ……0.5%

◎仕上げ
バター（無塩）……適量
ヴァニラシュガー（粉糖）……適量

●スパイス
シナモン……0.25%
カルダモン……0.25%
ナツメグ……0.15%

※ 保存を考える場合はフルーツに、マイルドにする場合はクリーミング時に入れる。

●ナッツ
ロースト・アーモンドホール
（バレンシア）……20%
ローストヘーゼルナッツホール……15%
リューベッカーローマッセ（2㎝角に切っておく）……50%

ナッツ２種は混ぜておく

日本ではオレンジピールのほうが好評なので、レモンピールの比率を下げている。また、ドイツではクランベリーは入れないが、ここでは色みを求めて入れている。混ぜるアルコールは香りを大事にすること。

工　程

中種	
ミキシング（縦型）	：手捏ね　捏ね上げ温度 24℃
↓ 発　酵	：40 分　26℃
前工程	
↓ クリーミング	
本捏	
ミキシング（縦型）	：L3 分　LM2 分　捏ね上げ温度 20 ～ 24℃
発　酵	：20 ～ 30 分　26℃
ミキシング	：L4 分　↓フルーツ、↓ナッツ、↓マジパン　捏ね上げ温度 24℃
発　酵	：15 分　室温
分　割	：900g, 250g　まるめ
成　形	：円筒形にして型入れ　または　手成形
ホイロ	：60 分　28℃
↓ 焼　成	：200℃ /190℃　30 ～ 50 分
仕上げ	
溶かしバターに 3 ～ 4 秒つけ、粉糖を手でまぶす。再び刷毛でバターを塗って粉糖を振る。	

5
低速で3分回して様子を見る（下 **a**）。　さらに中低速で2分ほど回す。下 **b** のようになればよい。捏ね上げ温度24℃。

a
つながっていない。ぼそぼそ。

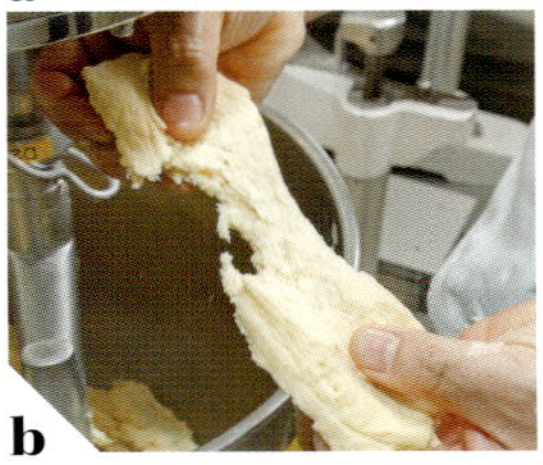

b
滑らかな生地表面。少し粘りが出ている。

Chef's voice
バターが50%入っているので、捏ね上げ温度が高いとバターが出てしまいます。材料は温度を下げておきましょう。

6
乾燥しないようにカバーをかけ、20～30分置く。

c
30分置いた生地。

7
ミキサーを低速で回しながら、フルーツを2～3回に分けて入れる。

8
ナッツを入れる。

9
1～2cm角（ナッツと同じくらい）の大きさに切ったマジパンを加え、ざっと混ぜてとめる。混ぜ過ぎないこと。**7** からここまで全体で低速4分程度。捏ね上げ温度24℃。

●フロアタイム

10
番重に移してカバーをかけ、室温で15分置く。

11
この間に、型の内側に溶かしバターを塗る。

●分割・まるめ

12
大900g、小250gに分割し、まるめる。

13
生地が緩ければ、長めにもむ。生地を強くすると美味しい。

●成形（型入れの場合）

14
生地は円柱形に成形して型に詰める。

15
生地を型に軽く押さえつける。

Chef's voice
生地量は、型の80%程度がよいです。

16
上面にバターを塗る

● 成形（手成形の場合）

17
めん棒で、生地を 2 ～ 3㎝厚さの長方形にのばす。

18
向こう側から 3 分の 1 を折る。折った生地の中央を押さえる。

19
手前から中央で少し重なるように折る。

20
中央の重なりを少し押さえこむ。

21
向こう側から、手前に重ねる。

22
重ねたほうの生地の中央を少し押さえ、全体の中央にふくらみが残るようにする。

● ホイロ

23
ホイロに入れる。28℃、60 分。

24

● 焼成

25
200℃ /190℃のオーブンに入れる。サイズによって 30 分から 50 分焼成する。

Chef's voice
長時間焼くので、低温が基本です。

26
型焼きはふたをして焼く。型で焼くと、レーズンは焦げない。

27
途中で型をはずし、バターを塗ってさらに焼く。

〈仕上げ〉

28
熱いうちに溶かしバターに全体を 3,4 秒ほど浸ける。

Chef's voice
持ちあげる時、ひび割れができないように注意して。隙間があると雑菌が入ります。

29
手で全体にヴァニラシュガー（粉糖）をまぶす。

30
さらに上からバターを刷毛で塗る。

31
ヴァニラシュガー（粉糖）をかける。

32
茶こしで、全体にヴァニラシュガー（粉糖）を振りかける。

ベッカライ ブロートハイム

Bäckerei Brotheim

明石 克彦さん

Katsuhiko Akashi

大サイズ　3,620円（税別）箱代別途
小サイズ　2,850円（税別）

シナモンブランデーシュトレン
大　3,820円（税別）
小　2,960円（税別）

寒い季節に喜ばれる味
シュトレンの可能性は魅力です

はじめは、少しずつ

独立する前に勤めていたところで、講習会で勉強したレシピをもとに毎週月曜日に一人で作っていました。作ったものを自分が買い取るような日々が続くなか、少しずつ「美味しい」と言ってくださるリピーターが増え、口コミで広げてくださったり、娘さんの結婚式の引き出物にと利用してくださるようになりました。

発酵と熟成の深みを求めたレシピ

独立してからは、ドイツの伝統的製法・配合をベースに、一年越しで漬け込んでいるドライフルーツやナッツ類をたっぷりと練り込んで、発酵による風味とともに深い熟成の味わいを楽しめるシュトレンを目指してきました。

さっくりとした食感を求めて粉を変えたり、周囲にまぶす砂糖をグラニュー糖からきび糖に変えたりして今日の形があります。

けれど、シュトレンにはまだたくさんのレシピ、バリエーションがありますから、もっと紹介していきたいと思っています。

心温まる冬の風物詩として

シュトレンは日持ちするというイメージが強いですが、うちの場合は焼き立てが美味しいので2週間くらいで食べていただきたいです。それ以上置く場合は冷蔵庫に。

併設のカフェで出す時はコーヒーまたは紅茶とシュトレン2枚というほかに、白の発泡酒という選択肢もあります。カプチーノやりんごジュースもあいますよ。

商品に添えるカードにも書いていますが、シュトレンの本来の目的は離れた家族に送る故郷の味、おふくろの味と聞いています。日本でも、心温まる冬の風物詩として愛されるといいなと思います。

Bäckerei Brotheim

〈中種〉

1
牛乳を湯煎で 30 ～ 45℃程度（粉温によって調整）にまで温め、パン酵母（生）を入れ、溶かす。

Chef's voice

パン酵母（生）が多いおかげで食感も日持ちもよくなります。仕上がりのパン酵母臭は牛乳と油脂がマスキングしてくれます。

2
ミキサーボウルに移し、粉を入れ、低速 6 分で混ぜる。全体が混ざればよい。捏ね上げ温度 30℃。

3
ボウルに移し、32℃、85％で 30 分発酵させる。

4
30 分経ったところ。

材料　配合

◎中種

リスドオル	30%
パン酵母（生）	5.5%
牛乳	30%

◎本捏

テロワール	50%
リスドオル	20%
塩	2%
グラニュー糖	20%
バター（無塩）	30%
牛乳	6 ～ 8%

※粉類は冷しておく

漬け込みフルーツ	100%
ドライアプリコット	10%
ドライフィグ	20%
アーモンド（ローストして 1／2 縦割り）	20%
くるみ（ローストして皮を取り、大きく割る）	20%

●自家製マジパン

アーモンドプードル（ロースト）	100%
グラニュー糖	65%
牛乳	30%
ラム酒	4%

◎仕上げ

バター（無塩）	30%
バター（加塩）	30%
きび糖	適量

●漬け込みフルーツ

サルタナ	100%
オレンジカット	45%
レモンカット	45%
はちみつ	10%
ラム酒	9%

1. 全部あわせて保存
2. 1 カ月後、撹拌する。ラム酒を追加する。4 ～ 5%
3. 3 カ月後、撹拌する。ブランデーを追加する。4 ～ 5%
4. 6 カ月後、撹拌する。ラム酒を追加する。4 ～ 5%

漬け込みフルーツ。アプリコットとイチジクは直前に混ぜる。冷やしておく

工　程

中　種	
ミキシング（縦型）	：L 6 分
捏ね上げ温度	：30℃
発　酵	：30 分
本　捏	
ミキシング（縦型）	：L 7 分　M 1 分　フルーツ↓　M 1 分 ※種、油脂は最初から入れる
捏ね上げ温度	：20 ～ 22℃
ベンチタイム	：10 ～ 15 分
分　割	：400g、300g
成　形	：マジパンを包んで手成形
ラックタイム	：15 分
焼成（ボンガード）	：200℃／160℃　50 分

仕上げ

バターに 2 回漬け込む。バターが乾く前にきび糖をまぶす。
12 時間室温に放置して、包装。リボン掛け。

〈前工程〉

●クリーミング

5
バターと砂糖を入れてビーターで混ぜる。塩も加えて空気を含まないように仕上げる。

●フルーツを合わせる

6
漬け込みフルーツに、ドライフィグとアプリコットを混ぜる。アプリコットは漬け込むと酸味がなくなるので直前に混ぜる。アーモンドとくるみも均等に混ぜておく。

●マジパンを作る

7
粉をローストし、冷ましたら砂糖、牛乳、ラム酒を合わせてこねる。35 gにまとめる。

●バターの準備

8
バターを溶かし、上に浮いたあくを除き、透明な部分だけを別容器に取り出す。

〈本程〉

●ミキシング

9
ミキサーボウルに牛乳と粉、**4**の中種を入れる。

10
5のクリーミングした油脂も加えて、ゆっくりスタートする。

Chef's voice

通常あとから入れる油脂をここで入れると、食感がさっくり仕上がります。

11
低速で 7 分をめどに回す。様子を見て中速に上げたり上げなかったりでよい。油脂が多いのでつながるのには時間がかかる。

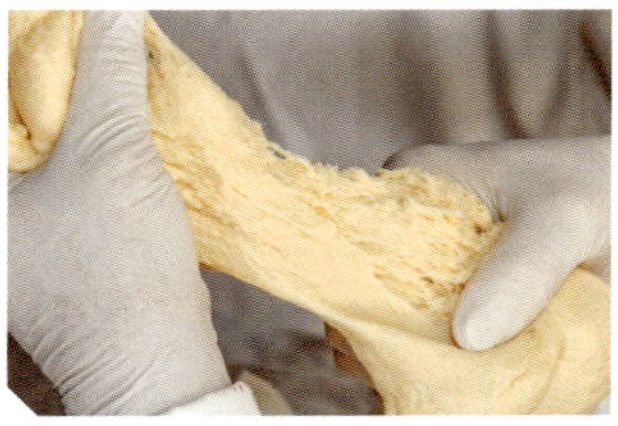

12
途中で生地の仕上がり具合を見る。この程度で完成。

13
一度生地の半分程度を取り出し、**6**のフルーツ、ナッツ類を入れ、また取り出した生地を戻す。

14
手で生地の上下を返してフルーツが全体に回るようにする。

15
中速で 1 分程度、回す。捏ね上げ温度 22℃。

16
生地をテーブルの上に取り出し、フルーツが均一に行き渡っているかを確認したら、ビニールでおおって 10 分休ませる。

● 分割・成形

17
分割。生地はあまり締めないように、なまこ形にまるめる。表面にナッツやフルーツが出ていないか気を付ける。おおいをして、常温で 15 分程度おく。

Chef's voice
生地が緩いようなら、少しきつめに丸めて下さい。

18
やや縦に長い直方体にのばし、手前のはしに水を塗って 1 ～ 2cm折る。向こう側も同様にする。

19
手前にマジパンをのせ、その手前の生地の上面に水を塗る。

Chef's voice
マジパンの長さは生地幅より少し短めに。

20
向こう側の縁をもって折り戻し、水を塗った下の生地の部分に、少し控えめにのせる。このとき、上に折り返した生地は、曲がり部分に少し余裕をもたせる。

21
マジパンのふくらみの向こう側にめん棒を当て、少し押さえる。

22
生地の手前にめん棒を当て、生地の端を整える。左右は閉じない。

● 焼成

23
天板にのせ、オーブンで 200℃／ 160℃で 50 分焼く (ボンガードの場合)。

Chef's voice
じっくりと長時間焼くので下火の温度は低めに設定。

24
途中 30 分ほどのところで一度、蒸気を抜く。

25
その時、底の焼け具合を確認する。このあと、随時、焼き上がり具合を確認する。

Chef's voice
下火の温度が高いとカリカリ、ガチガチになってしまいます。

26
外に出て焦げたレーズンは取り除く。

〈仕上げ〉

27
熱いうちに、温め直した **8** のバターに約 15 秒、浸す。これを 2 回繰り返す。

28
網の上にのせて、乾かす。

29
ひと肌程度に冷めたらきび糖をまぶす。12 時間置く

★シナモンブランデーシュトレンの場合

29 のきび糖を払い、粉糖とシナモンを混ぜ、ブランデーを加えて湯煎でとかしたものを塗る。

大サイズ　6,000円（税別）
小サイズ　3,200円（税別）

ブルーデル

bruder

小林 重博さん
Shigehiro Kobayashi

パンとクッキーの中間くらいのサクサク感を目指して

フロインドリーブでの修業から

もともと洋菓子が作りたくて神戸のフロインドリーブの門をたたいた先代の堀場園雄氏が、いつしかパンの魅力に取りつかれ、ドイツ修業を経て名古屋にこの店を開いたのは1973年でした。

その先代が、クリスマス時期になると変わらず作っていたのがこのシュトーレンです。卵は使わず、クッキーとパンの中間くらいのサクサクとした食感を目指すんだと教えられて、私も作ってきました。今も11月の終わりごろから1000個以上作っています。

40年以上この製法、この味

私の代になってからも、レシピは、材料も配合も工程も、ずっと変えていません。唯一、フルーツの量だけは、最近になって少しずつですが、増やしてきました。時代の流れですかね。

初めから特別な宣伝をすることもなく何十年も買い支えられてきた味ですし、一年に一度、この味を求めて通い続けてくださる方もいます。遠方からわざわざ来てくださる方も多いので、味は簡単に変えられないのです。別のレシピの検討をしたこともありましたが、やはりこれに落ち着きました。

2週間ほど置いて、なじませて

うちがシュトーレンを作るのは気温が15度以下になるころ、11月の中旬以降です。美味しく召し上がっていただくには、作って2週間ほどおいて味がなじんでからとおすすめしています。でも、食べ方はお客様のお好みで、いろいろあっていいと思います。

50年前に学び始めた食文化も、今ではドイツ経験者が多く支持者が増えています。先代のまいた種が育つのが楽しみです。

bruder

〈中種〉

1

パン酵母（生）をほぐして粉と混ぜる。

2

ミキサーボウル（スパイラル）に移し、牛乳を加える。

3

低速で3分、高速で1分、中速に落として少しだけ様子を見て止める。

4

「引っ張ったらちぎれる」くらいになったら作業台に上げ、もむ。

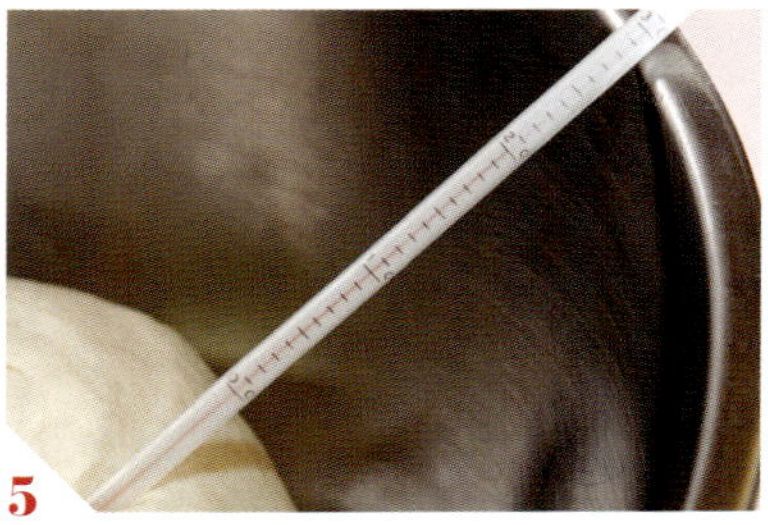

5

丸めてボウルに入れ、ラップをし、20～21℃を保ちながら40分置く。

材料　配合

◎ 中種

強力粉	1800g
パン酵母（生）	360g
牛乳	1200g

◎ 本捏

強力粉	4200g
グラニュー糖	1275g
バター（有塩）	2025g
ラード	450g
塩	102g
牛乳	800g
バニラ（さや）	15g

● シュトーレン・フルーツ

レーズン	2530g
オレンジピール	300g
ドレンチェリー（ラム酒に漬けたもの）	300g
くるみ（細切）※ローストせず	300g
アーモンド（1/12割）※ローストせず	300g
ラム酒	150g

◎ 仕上げ

バター（無塩）	5400g
グラニュー糖	適量
粉糖	適量

ドレンチェリー。先にラム酒を漬けておいたものをきざむ

ラム酒を加えて2～3日漬ける

工　程

中種	
ミキシング（スパイラル）	：L3分　H1分　M少し
発酵	：20～21℃　40分
前工程	
すましバター	
クリーミング	
本捏	
ミキシング（スパイラル）	：クリーミング～全材料、中種　M5～6分
発酵	：12分　数回に分けてフルーツを投入
分割	：手分割、1000g、500g
成形	：手成形
焼成	：200℃　40分
仕上げ	
すましバターをしませ、グラニュー糖をまぶす。粉糖をかけてラッピング。	

〈前工程〉

すましバター

6
銅鍋にバターを入れて強火にかける。

Chef's voice

水分量の少ないバターを選ぶのが、美味しくできるポイントです。

7
大きな泡が表面を覆うほどになったら火を半分に落とす。

8
泡が小さくなったら弱火にする。量によって2～3時間煮る。

9
表面の泡の中央部が茶色になり始めたら、網でこす。銅鍋に戻して置く。

クリーミング

10
バター、砂糖、塩、バニラを混ぜ合わせたところにラードを加える。

11
ラードを加えることによって、全体が一気になじむ。

Chef's voice

ラードはバターとの比率が1：4。これを超えるとラードの主張が強く出てしまいます。

〈本捏〉

ミキシング（スパイラル）

12
粉と牛乳を入れる。

13
中速で回しながら、中種をちぎりながら加えていく。

14
全体で、中速で5～6分回す。

15
生地をちぎってみて、少し力を持った方が、サクサクとした食感に仕上がる。常温で12分程度置く。

16
フルーツを数回にわけて混ぜ込む。捏ね上げ温度21℃程度がよい。

分割・成形

17
分割は、手でちぎる。1000gと500gに分割。

18
丸めて 10 分休ませる。

19
丸太形に整え直す。

20
上下を残してめん棒で生地を伸ばし、はみ出たフルーツを中に包む。

21
生地を二つ折りにする。上を少し控えめにしてのせる。

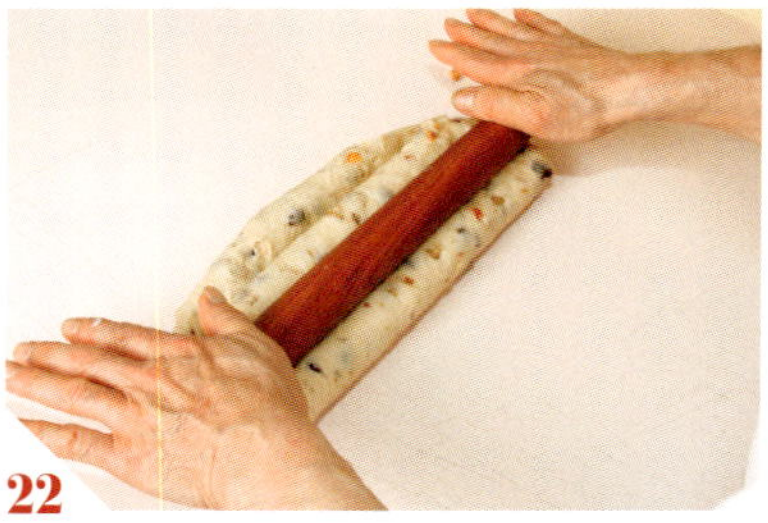

22
めん棒で軽く押さえる。

23
ブルーデルでは、底のない四角い枠型に入れる。

●焼成

24
ホイロはとらず、200℃のオーブンで約 40 分焼成。

〈仕上げ〉

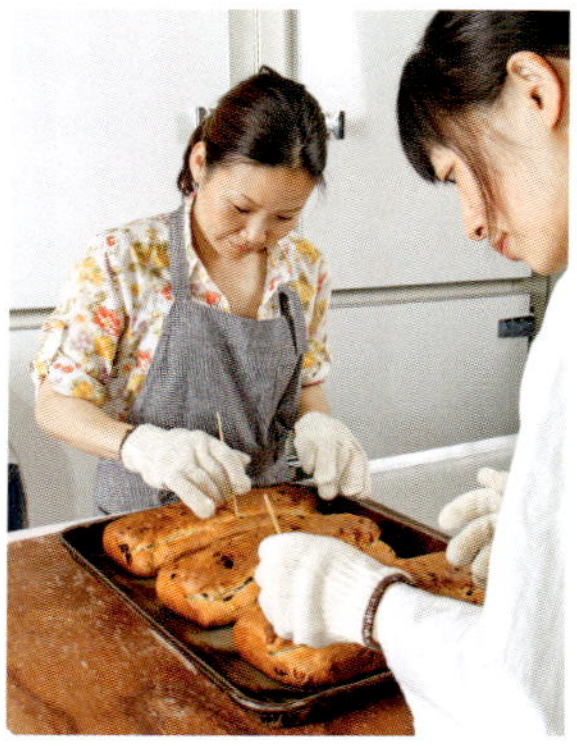

25
焼き上がったら、枠を外し、生地の表面に出て焦げているフルーツを外す。

26
すましバターを 50℃程度まで温め、1 個当たり 5 ～ 10 秒程度、漬けこむ。

27
網の上にあげて、乾かす。

28
グラニュー糖をまぶす。

29
このまま 1 日置く。

30
粉糖 (プラリネシュガー) を、全体にていねいに振りかけて、ラッピングする。

江崎　修さん
Osamu Ezaki

フルーツの漬け込みは3カ月以上
上質のアルコールでしっとりと

ドイツのホテルで習った味

私は学校を出た後、30年ほど製菓製パンの専門学校で教鞭をとっていましたが、その後、ウィーン菓子やドイツ菓子がおいしいカフェをやりたくて、しばらくやっていました。

ドイツとの縁は1979年、本場を見て来いと、学校から研修に送り出されたのがきっかけです。

そのときお世話になった研修先のひとつがハンブルグの五つ星ホテル「ホテル・フィーヤー・ヤーレスツァイテン」です。ここのカフェで出していたシュトレンが、私のベースになっています。

手成形の味わいが好きです

ホテルのカフェは、決まったお菓子とレストランのデザートを作っていて、多少時間にゆとりがありました。教えてくれたのはそこのパティシエのシェフ、ライナー氏でした。

ドイツではパン屋にも入りました。そこでは型を使っていて、確かに作業性は良かったのですが、だんだんつまらなくなって自分でやるようになってからは手成形ばかりです。技術もいるし、手間もかかりますが、それぞれの違いや、焼き上がった時の表情に味があって、やっぱりいいなあと思っています。

美味しいコーヒーと共に

ドイツのホテルのカフェではクリスマスシーズンになると自慢のシュトレンをメニューにのせ、美味しいコーヒーとともに提供していました。その優雅さは忘れられません。

フルーツを上質のアルコールに漬け込むところからシュトレン作りは始まります。しっとりとした食感を楽しんでほしいですね。

Café Wiener Rose

〈アンザッツ〉

1
パン酵母（生）をほぐして牛乳を入れる。

2
ホイッパーで均一に溶かす。

3
粉の中に入れる。

4
全体に混ぜてなじんだら、そのまま 30 分置く。

5
30 分後の様子。

材料　配合　400g × 9 本

◎アンザッツ
- フランスパン専用粉……250g
- 牛乳（25 ～ 30℃の室温）……200 ～ 220g
- パン酵母（生）……75g

◎本生地
- バター……500g
- グラニュー糖……125g
- ローマジパン……200g
- 卵黄……60g
- シュトレン香辛料（※）……3g
- 塩……12g
- フランスパン専用粉……1000g
- フルーツ……1200g

漬け込みフルーツ
- レーズン（カリフォルニア）……500g
- サルタナレーズン……500g
- オレンジピール……200g
- セドラ……100g
- ラム酒……80%
- キルシュヴァッサー……20%

※シュトレン香辛料
- カルダモン……5g
- ナツメグ……10g

◎仕上げ
- 溶かしバター……適量
- バニラシュガー……適量
- 粉糖……適量

左の比率で酒類を合わせ、フルーツがひたひたになるようにして 3 カ月かそれ以上漬ける。

工　程

アンザッツ（スターター）		
ミキシング	：	あわせる程度
発　酵	：	室温　30 分
前工程		
クリーミング	：	バター、グラニュー糖、ローマジパンをクリーミングする
本　捏		
ミキシング（縦型）	：	1 速3分　2 速 1 分
フロアー	：	20 分
ミキシング	：	フルーツを入れて 1 速 2 分　2 速 0.5 分　捏ね上げ温度 25℃
分　割	：	400g
成　形	：	めん棒で中央を平らにして二つ折り
ホイロ	：	30 ～ 32℃　50 ～ 60 分
焼　成	：	190℃ /160℃ 45 ～ 50 分
仕上げ		
溶かしバターを塗り、バニラシュガーをまぶす。販売前に粉糖をかける。		

〈前工程〉

6
ローマジパンをちぎり入れる。

7
砂糖を入れ、ミキサーのスイッチを入れる。続けてバターを少しずつ合わせていく。

Chef's voice

ふわっと空気を含むくらいまで混ぜ合わせます。

8
香辛料を入れ、卵黄を入れる。

〈本捏〉

ミキシング

9
ボウルに粉を入れ、塩を入れる。さらにフルーツ以外の材料をすべて入れる。1速3分、2速で1分回す。そのまましばらくおいて、生地を緩める(20～30分)。

Chef's voice

このあとフルーツを入れることで生地温度が下がるので、アンザッツで種を28℃くらいに仕上げ、本捏は24～25℃になるよう目指して下さい。

10
フルーツの水気を切って、混ぜる。1速2分、あとは様子を見ながら2速で、全体が混ざればよい。

11
生地に少し力が付いている。

分割

12
400gに分割する。

13
おしまるめ。棒状にまとめる。

成形

14
めん棒で、中央部分を押しのばす。

15
手前から控えめに折りたたむ。

16
折り目の上を少し押さえる。

17
向こう側の生地の上から、中央部の山を整えるようにめん棒をあてる。

ホイロ

18
溶かしバターを刷毛で塗る。

19
アルミホイルを添わせるように覆い、30℃で 50 ～ 60 分発酵させる。

焼成

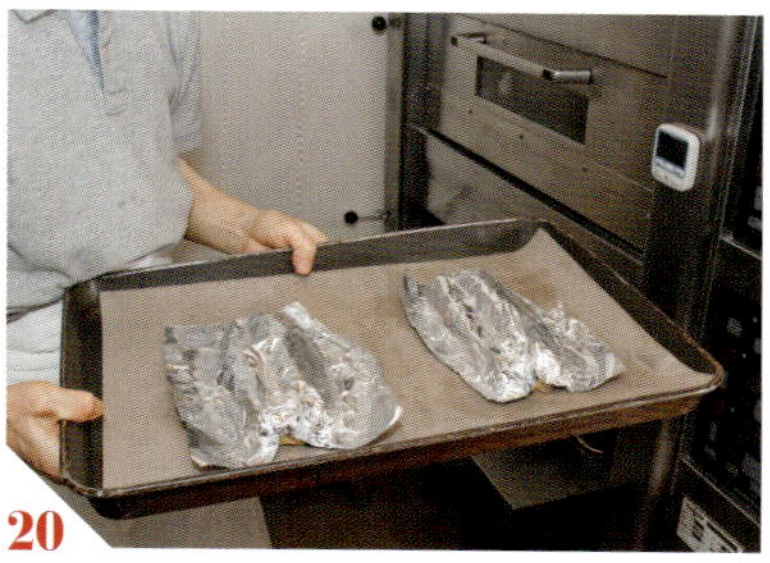

20
アルミホイルをしたままオーブンに入れる。200℃ /160℃で 40 ～ 50 分焼成。

21
焼成途中 20 分でホイルを外す。

22
焼成 30 分で底を見て、焦げそうなら天板を 2 重にする。

Chef's voice

皮は香りのもとなのでしっかり皮を作ること。40 分でほぼ火はとおりますが、色が「きれい」ではなく「おいしそう」と見えるところまで焼きましょう。

〈仕上げ〉

23
熱いうちに溶かしバターを刷毛でぬる。表に 2 回、底部分に 1 回をめどに。

24
バニラシュガーをまぶす。そのまま冷まし、ラップで包んで保存する。

25
販売するときは、ラップを外し、余分な砂糖を刷毛で取り除く。

26
粉糖をかける。

27
新いラップで包む。

250g　1,200円（税込）
800g　3,500円（税込）　ハーフ 400g　1,800円（税込）
1000g 4,500円（税込）　ハーフ 500g　2,300円（税込）

ベッカライ ビオブロート

BÄCKEREI BIOBROT

松崎 太さん
Futoshi Matsuzaki

すべてオーガニックの材料で焼く全粒粉のバターシュトレン

僕がシュトレンを焼く理由

僕にとっては、これを作りたいと思う時が新商品を出す時期なのでオープン初年度のクリスマスも特に何もしないつもりでした。

でも妻にすれば、それを待っていてはいつまでたっても埒が明かないと思ったようで、「せめてクリスマスくらいシュトレンを」と強く促してきたのです。シュトレンを焼き始めたのは、実はそんな消極的な理由からでした。

焼くからには

ドイツにいた頃から自分ならこうするという考えがありました。

最後にお世話になった店のシェフの影響もあるのですが、すべてをオーガニックの材料にして、全粒粉を使い、油脂はバターのみ、アルコールは使わないシュトレン作りです。ただし、バターはオーガニックのものが手に入らなかったので、国産の無添加、無着色のものを選びました。

そんな条件を照らし合わせてみると、今僕が焼いているのは、１００kgの粉に対して、最低40kgのバター、70kgのドライフルーツを使用しなければならないBUTTER STOLLENということになります。ただ僕のバターの量はその時の粉にもよりますが、65～70%。全粒粉は風味がとても強いので、通常の配合量ではバターが完全に負けてしまうからです。

スパイスを変えてみようか

通常、スパイスはカルダモンやシナモン、ナツメグといったものがよく使われますが、バニラだけのものもあるとドイツで知り、これならと参考にしました。それから10年以上が経ち、苦手だったスパイスも美味しく感じるようになったので、そろそろ他のものも使ってみようかと考えています。

BÄKEREI
BIOBROT

〈中種〉

1
粉にドライイーストを混ぜる。

2
水を少しずつ入れる。

3
混ぜて、全体がなじめばよい。そのまま 30 分置く。

4
30 分後の様子

材料　配合

◎中種

全粒粉	40%
ビオレアル （オーガニックドライイースト）	3%
水	30 ～ 35%

◎本捏

全粒粉	60%
バター	65 ～ 70%
バニラシュガー	10%
塩	1.5%

● フルーツ

レーズン	75%
オレンジピール	10%
レモンピール	10%

◎仕上げ

バター	適量
オーガニックシュガー	適量

レーズンは、ラム酒に漬けず、そのまま使用する

オレンジピールとレモンピール

工　程

中　種	
ミキシング	：あわせる程度 ★通常はミキサーだが、写真は 3kg 仕込みなので手ごね。
発　酵	：室温　30 分
本　捏	
ミキシング	：L 4 ～ 5 分
発　酵	：10 ～ 15 分
ミキシング	：フルーツ投入　L 1 ～ 2 分
発　酵	：15 分
分　割	：1000 g、800 g、250g
成　形	：めん棒で上下の端にふくらみを残しておさえ、二つ折りにし、上から押さえる。
焼　成	：200℃ /190℃　30 ～ 50 分
仕上げ	
溶かしバターにくぐらせ、オーガニックシュガーをまぶす。	

〈本捏〉

ミキシング（スパイラル）

5
全部の材料を入れたら、低速で 4 ～ 5 分回す。様子を見て 1 分程度足すこともある。

6
粉気がなくなれば、終了。そのまま 10 ～ 15 分置く。

Chef's voice

グルテンは出さないように注意する。パンのようになり、歯切れが悪いシュトレンになるので。

7
レーズンと、ピール類を加える。

8
低速で 1 ～ 2 分回す。全体に均一に混ざればよい。そのまま 10 ～ 15 分置く。

分割

9
1000g、800g、250g に分割する。

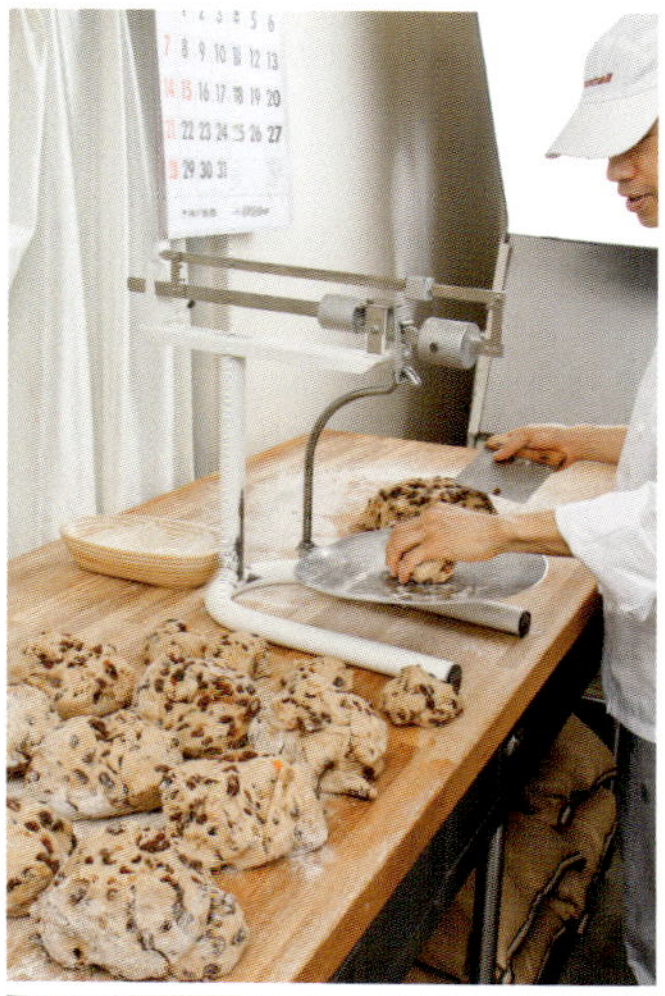

10
生地を丸めていく。

11
なまこ形にまとめていく。

成形

12
めん棒で、中央部分を押しつぶす。

13
向こうから手前に折りたたむ。上を少し控えめにのせる。折り目の少し手前を上から押さえる。

14
小サイズのものも、同様に中央を押しつぶす。

15
上を控えめに折りたたみ、折り目の少し内側をおさえる。

●焼成

16
型の内側にバターを塗る。

17
ふたにもバターを塗る。

18
形を整えた生地を型に入れる。

19
ホイロはとらない。

20
ふたをして、上下を返してオーブンに入れる。

21
200℃ /190℃。小 30 分、中 45 分、大 50 分が目安。

Chef's voice

下は直接炉床に触れているので、温度を少し低く設定しています。

22
加減を見て途中で型を外す。

23
この程度の色まで焼きあげる。

〈仕上げ〉

24
熱いうちに溶かしたバターにくぐらせる。届かないところは刷毛を使って全体に行きとどかせる。バターの比率や量は特に決めていないが、全体にたっぷり行き渡る加減で見ている。

25
軽く乾いたら、オーガニックシュガーをまぶす。

26
そのまま、粗熱を取る。包装は翌日以降。

小サイズ　1,200円（税込）

エンゲルハート・ハインツ・ウルリヒさん　杉沢 多美子さん
Heinz Ulrich Engelhardt　Tamiko Engelhardt Sugisawa

一気に人気が爆発したドイツ菓子
優しい味を、伝授しています

毎年、大人気のアイテムです

ドイツ菓子は、日本では希少価値があるうえに栄養価が高く、コツコツと積み上げる作業工程のものも多くあります。こういった側面から障害のある人々もこの技術を習得し、一般菓子店と同等の水準で製造販売する店を作り、自立支援につなげようという取り組みがあります。

私たちが、お手伝いしている高知大学教育学部附属特別支援学校内に開設された菓子工房ｈｏｃｃｏ《ホッコ》ｓｗｅｅｔｓ《スイーツ》もその一つで、シュトレンは毎年１００個前後完売という大人気商品です。

伝えたい、ドイツ菓子の心

私たち夫婦はドイツで製菓・製パンマイスターの資格をもち、エンゲルハート菓子・パン店を経営していましたが、今は日本の学校や店で指導の仕事をしています。

最も大切にしているのは、素材の持つおいしさを生かすことを考え、丁寧に扱う姿勢です。たとえばカレンズは風味を生かすために漬け過ぎない。また、粒が裂けて生地が汚れることもお祝いの菓子に好ましくないので、生地は手でちぎります。アーモンドを牛乳に浸すのも、風味を牛乳に移すだけでなく、歯触りを全体になじませるためなのです。

シュトレンのこと

スパイスは少量でも素材を引き立てたり、体調を整える効果があります。無理に入れず、今回の配合くらいがほどよいと思います。

ドイツではシュトレンが割れると家族によくないことが起こるから気をつけなさいと言い伝えられています。大事に作り上げ、一週間ほど置いて、人が集う時にスライスするのが一般的。そして足らなければまた焼きましょう。

Engelhardt

〈中種〉

1
ミキサーボウル(縦型)に粉、パン酵母(生)、室温に戻した牛乳を入れ、低速4分、高速で3分回す。

2
しっかり捏ねる。捏ね上げ温度24℃。

Chef's voice
冬は27℃くらいまで上げます。

3
取り出して形を整える。

4
ミキサーボウルに戻して、本捏用の粉を振りかける。30分休ませる。

材料 配合

◎ 中種

フランス粉(リスドオル)	2000g
牛乳(室温)	1013g
パン酵母(生)	363g

◎ 本捏

フランス粉	2000g
グラニュー糖	440g
卵	200g
マジパンローマッセ(砂糖1:アーモンド1)	160g
塩	60g
シュトレンスパイス※1	21g
バニラ(ミルでひいたもの)	10g
レモンの皮(表皮のすりおろし)	1/2個分
ビターアーモンド(ドイツで市販のビターオイル、エマルジョンタイプ)	3滴
バター(無塩)	1600g
アーモンドスリーバード※2	360g
牛乳	360g

● 漬け込みフルーツ ※3

レーズン(サルタナ)	3733g
カレンズ	400g
オレンジピール	140g
レモンピール	480g
ラム酒	200cc
ぬるま湯	100cc

◎ 仕上げ

メルトバター	適量
バニラシュガー※4	適量
粉糖	適量

※4:工程写真**8**を参照

※1:シュトレンスパイス(自家配合)
アニス、カルダモン、シナモン、コリアンダー、ナツメグ、オレンジの皮、しょうがをすべて合わせてミルにかけたもの

※2:牛乳を沸騰させ、ローストしたアーモンドを入れて一晩置く

※3:サルタナとカレンズはさっと水洗いして乾かす。カレンズ以外の材料はすべて前日に混ぜあわせておく

工 程

中 種	
ミキシング(縦型)	:L4分 H3分 捏ね上げ温度24℃
発 酵	:30分
本 捏	
ミキシング	:L4分 H6分 捏ね上げ温度24℃
発 酵	:30分
ミキシング	:↓フルーツ L2~3分
分 割	:1000g、760g、350g、200g
ベンチタイム	:少し
成 形	:型入れ
焼 成	:200℃/180℃ 小型35分~45分
仕上げ	
バターをはけでたっぷり塗り、乾いたらバニラシュガーをまぶす。さめたら粉糖をふりかける。	

5

30分たった状態。

〈前工程〉

6

漬け込みフルーツと、水分を切ったアーモンドを混ぜ、そののちカレンズを混ぜる。

Chef's voice

カレンズは水分を吸いやすく、崩れやすいので当日混ぜます。

アーモンドをつけていた牛乳は捨てず、本捏ね時の水分調整に使います。

7

メルトバターを作る。バターを沸騰させ続け、水分をすべて飛ばす。透明になったら漉して乳糖、たんぱく質、カゼイン、ミネラルなどを取り除く。

8

バニラシュガーを作る。グラニュー糖2kgに、ミルで挽いたバニラ小さじ2、シュトレンスパイス少々をよく混ぜる。

〈本捏〉

●ミキシング

9

5の上に、バニラとシュトレンスパイスを合わせたグラニュー糖と塩、マジパン、バター、卵を入れて、低速で4分、高速で6分ミキシングする。

10

生地が硬い場合は、**6**の牛乳で調節する。ただし、入れなくてもよい。

11

捏ね上げ温度は24℃。30分発酵をとる。

発酵後の生地の状態。

12

台の上に取り出し、生地をいくつかに分けてもみ直す。そのまま平らにして発酵をとる。

13

生地をカットして、発酵の様子を見る。生地にふくらみがあり、均一な気泡が全体にある状態になればよい。

14

ミキサーをホック型に変え、**6**のフルーツと発酵させた生地を交互に入れ、低速で2～3分、全体が均一に混ざるようにする。

15

生地を取り出し、左右から、上下からと三つ折りにして生地をまとめる。

● 分割

16
1000g、760g、350g、200g に分割する。

● 成形

17
ベンチタイムを少しだけ取ったらすぐ成形に入る。平たく円形にのばす。

18
左から 3 分の 1、折る。

19
右からも同様に降り重ねる。

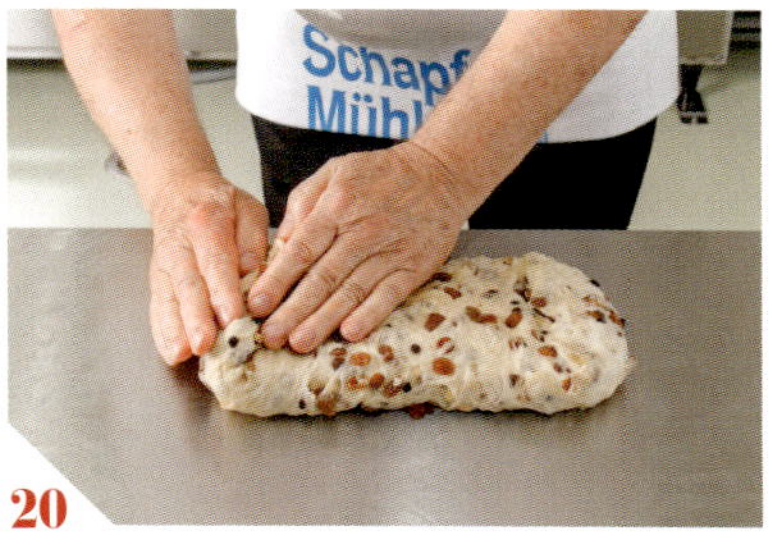

20
生地を横向きにして、左右を型のサイズに合わせて折りこむ。

21
二つに折る。

22
閉じめ上にして、型に入れる。

23
型に入れたら、しっかり押さえる。

● 焼成

24
型のふたをして 200℃／180℃で 35 分～ 45 分焼成。

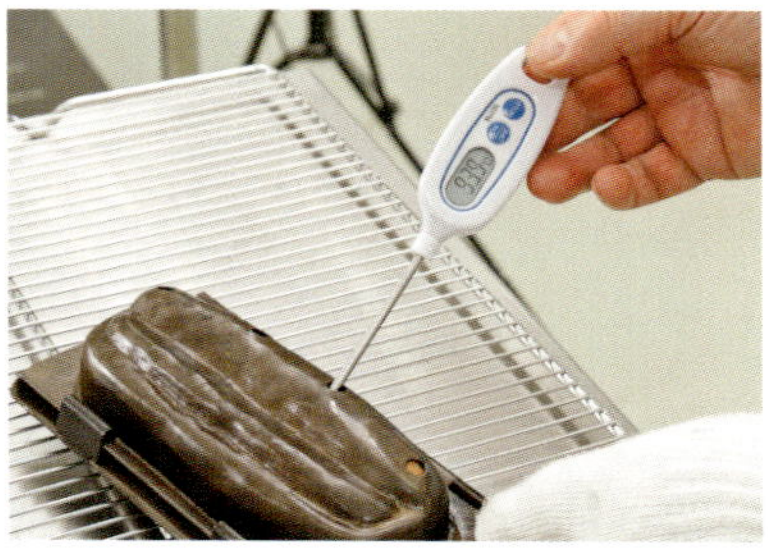

中心温度が 93℃になっていれば、焼き上がり。

25
すぐ、型から出す。

〈仕上げ〉

26
メルトバターをはけでたっぷり塗る。裏まで丁寧に塗る。

27
さっと表面が乾いたところで、**8** のバニラシュガーをまぶす。

Chef's voice
大型はとくに割れないように注意して持つこと。

28
冷めたら、粉糖をふりかける。

大サイズ　3,000円（税込）
小サイズ　1,600円（税込）

ブーランジェリー

セ・トレボン

C'est TRÈS BON

大西　かおりさん
Kaori Ohnishi

じわり、じわりと上昇する人気
日本のクリスマス演出に存在感

約20年変わらない味で

以前に勤務していたイルムスベーカリーの時からクリスマスシーズンのベーカリーに欠かせないアイテムとして、配合と工程を少しずつ見直しながら、繰り返し作ってきました。約20年になります。

当時はそれほど注目されませんでしたが、今の店になって試食を出してアピールしているうちに、10年ほど前からでしょうか、毎年楽しみにしてくださるリピーターのお客様がぐっと増えたような気がします。

日が経ってもしっとりと

私は、2週間くらいはしっとりして口どけの良い食感の保てるシュトーレンを目指しています。

ドライフルーツは、いろいろな種類があったほうが楽しいと思ってレーズンも3種類。2か月前から漬け込んでいますが、香りを大事にしたいピール類は仕込みの数時間前に混ぜ合わせます。

これとスパイスを加えることで、味わいが深く、また個性的に仕上がります。独特のスパイスは、生地だけでなく漬け込むフルーツにも染み込ませて調和がとれるようにしていますが、しばらくおくとなじんでいき、味わいの変化も楽しめます。

年末の季節感を楽しんで

毎年11月中旬すぎから作り始めます。これを作り始めるとクリスマスだなあ、1年も終わりだなあと季節を感じます。店頭にシュトーレンが並ぶだけでも、クリスマスの演出になり、気持ちが高揚しますね。

薄切りにして紅茶と。ほかにはちょっと上等なワインとぜいたくに楽しむのもいいと思います。

C'est TRÈS BON

〈中種〉

1
パン酵母（生）に、常温に戻した牛乳を注ぎ、ホイッパーで溶かす。

2
小麦粉も入れ、さらによく混ぜる。

3
28℃で40分、発酵させる。

4
40分たったところ。

材料　配合

◎ 中 種

リスドオル	50%
パン酵母（生）	10%
牛乳	50%

◎ 本 捏

リスドオル	200%
グラニュー糖	22.5%
塩	3%
加糖卵黄（砂糖 20%含）	14.5%
マジパンローマッセ	40%
バター	100%
スパイス	
クウォーターエピス※	0.4%
カルダモン	0.4%
ナツメグ	0.4%
バニラオイル	0.3%
フルーツ	
シュトーレン用漬けレーズン	200%
オレンジピール	25%
レモンピール	15%
クランベリー	10%

◎ 仕 上 げ

バター	適量
粉糖	適量

● シュトーレン用漬けレーズン

サルタナ	3 kg
レーズン	3 kg
カレンツ	3 kg
ブランデー（VO）	800 g
ラム酒	800 g
カルダモン	7g
ナツメグ	9g
クオーターエピス※	7g

※クオーターエピス：グローブ、ジンジャー、ナツメグ、ブラックペッパーの混合スパイス

フルーツの材料は均一に混ぜておく。

工　程

中 種		
ミキシング（手混ぜ）	：	材料をホイッパーで混ぜる。（大量の時はスパイラル使用）
発 酵	：	28℃　40分
前工程		
クリーミング	：	バター、砂糖、塩、スパイスを低速で混ぜながら、マジパン、卵黄、バニラオイルまで合わせておく。
本 捏		
ミキシング（縦型）	：	L 3分
発 酵	：	28℃　30分
ミキシング	：	フルーツ↓　混ざる程度
フロアタイム	：	10分
分 割	：	200 g　400 g
成 形	：	手成形　長径が小 15㎝、大 17㎝の棒状
ホイロ	：	28℃　60分
焼 成（ボンガード）	：	230℃／180℃　小 33分　大 38分
仕上げ		

すましバターに2回浸け、刷毛でも塗り、粉糖をこすりつける。
仕上げに、粉糖をかける。

〈前工程〉

● クリーミング

5

常温でゆるめたバターに砂糖、塩、・スパイスを入れ、低速で混ぜる。

6

マジパンをちぎり入れ、全体が滑らかになるまで低速で混ぜる。

7

さらに加糖卵黄とバニラオイルを加える。

〈本捏〉

● ミキシング

8

7 のクリーミングしたものが入っているミキサーボウルに小麦粉と中種を入れる。

9

低速で 3 分ほど回す。すべてが混ざっていれば良い。

10

28℃で 30 分、発酵させる。

11

10 の生地と、均一に混ぜておいたフルーツをそれぞれ数回に分けて交互にミキサーボウルに入れ、低速で丁寧に混ぜあわせる。

12

10 分ほど休ませる。

● 分割

13

250g と 400g に分割する。

14

軽く丸めて、休ませる。

● 成形

15

生地をもんで、なめらかにする。

16

太めの棒状に整える。小で長さ 15㎝、大で 17㎝位をめどに。

17
脇から手を押し付けて、凹みを作る。

18
はみ出たレーズンを取り除く。

● ホイロ

19
28℃で 60 分のホイロを取る。

20
ホイロ終了。

● 焼成

21
ボンガードの場合、 230℃／180℃で小 33 分、大 38 分をめどに焼成する。

Chef's voice
コンベクションの場合は 175℃で、ほぼ同時間。

22
焼き上がったら、表に出て焦げているレーズンを取り除く。

〈仕上げ〉

23
バターを湯煎で溶かす。

24
上澄みだけを別の容器に移し、すましバターを作る。

25
すましバターに 2 回とおす。

26
さらに、刷毛で塗る。

27
粉糖を手でこすりつけて、しっかり砂糖の層を作る。

28
冷めたら、粉糖をふりかけ、ラッピングする。

焼きたてパンの工房

ゾンネンブルーメ

Sonnenblume

大サイズ 2,130円（税別）・箱入り 2,963円（税別）
小サイズ 1,065円（税別）・箱入り 1,482円（税別）

江頭 正樹さん
Masaki Egashira

ドイツとスイスを経験して作り上げたレシピです

スイスでの出会いから

父エルヴィン・ベッツが、日本でドイツのパンやパン文化を紹介する仕事をしてきたので、シュトレンとは近い環境に育ちました。

でも、本気でこの仕事に取り組もうと思ったのは、私の師匠であり、第二の父のように思って私が慕っているスイスのウェルナー・リュグゼッガー氏の存在が大きいです。

氏の店はパンだけでなく菓子やカフェも手掛ける総合的なお店で、今回紹介する私のシュトレンも、ここの配合・工程をもとにしています。ただ、日本の方の味覚に合うようにするために、日本での経験が豊富な父のアドバイスも参考にしました。

レシピのポイントはスパイス

それでも、これだけはとリュグゼッガー氏の配合を崩していないのがスパイスです。

実はドイツにいた4年半の間に、シュトレンのスパイスの配合は店によってずいぶん違う、そして、とても大切なポイントなんだ、ということは実感していました。そのうえで出会った氏の配合は、まさしく自分の探していたものにぴったりだったのです。それだけに、この配合の内容はいまだに公開していません。

ラム酒のきいた大人の味

製造は、今の時代だからこそあえて、ベーシックな昔からの考え方でやっています。フルーツにラム酒もたっぷり使っていますので、まさに大人のお菓子。レーズンとカレンツの比率は7対3。これはシュトレンを切った時に、レーズンの粒の大きさがちょっと目立ちすぎると考えたからです。

ギフト用にもおすすめしますが、まずは気楽にクリスマスシーズンのおやつとして楽しんでいただけたらいいなと考えています。

die Sonnenblume
Sonnenblume
die Sonnenblume

〈前工程〉

● クリーミング

1
材料をミキサーボウルに入れ、ビーターで1～2分回す。均一に混ざったら、別の容器に取り出す。

〈本捏〉

● ミキシング

2
1 のミキサーボウルに水を入れ、フルーツ＆ナッツ以外の材料も入れる。

3
クリーミングしたものの約 1/3 を入れる。

4
低速でスイッチを入れ、10～20 秒回す。これをあと 2 回繰り返す。

材料　配合

◎ クリーミング

バター（無塩）	50%
ローマジパン	10%
バニラシュガー	10%

※ さやごと粉末にしたバニラ 5g とグラニュー糖 1000g

◎ 本捏

準強力粉	95%
ライ麦	5%

※または、「ラインゴールド」100%

パン酵母（生）	7%
スパイス（カルダモン他　計8種）	0.8%
レモン皮	2%
脱脂粉乳	5%
水	35%
食塩	1.5%

● フルーツ＆ナッツ

ラムレーズンおよびラムカレンツ …… 80%
（ラム酒 100%に2週間以上漬けたもの）
オレンジピール / レモンピールほか …… 17%
アーモンド（6つ割　ロースト済み） …… 15%

◎ 仕上げ

バター（無塩）	適量
シナモンシュガー	適量

※グラニュー糖 100：シナモン 1 で混ぜたもの

粉糖	適量

ラム酒につけたレーズン。
絞って使う

事前にすべてを混ぜておく

工　程

前工程	
クリーミング	：ビーターで L 1～2 分
本捏	
ミキシング	：L2 分 M6 分
発　酵	：15 分
ミキシング	：L 2 分　途中で 2、3 回に分けてフルーツ投入
発　酵	：番重に入れ、ふたをする。10 分
分　割	：550g、190g
成　形	：なまこ形。型入れ
ホイロ	：27℃、80%　　45 分（小型）～60 分前後
焼　成	：200℃ /200℃ → 190℃ /190 ℃　　35～45 分
仕上げ	
無塩バターを塗り、シナモンシュガーをまぶし、約 1 週間保管。包装出荷直前に粉糖をかける。	

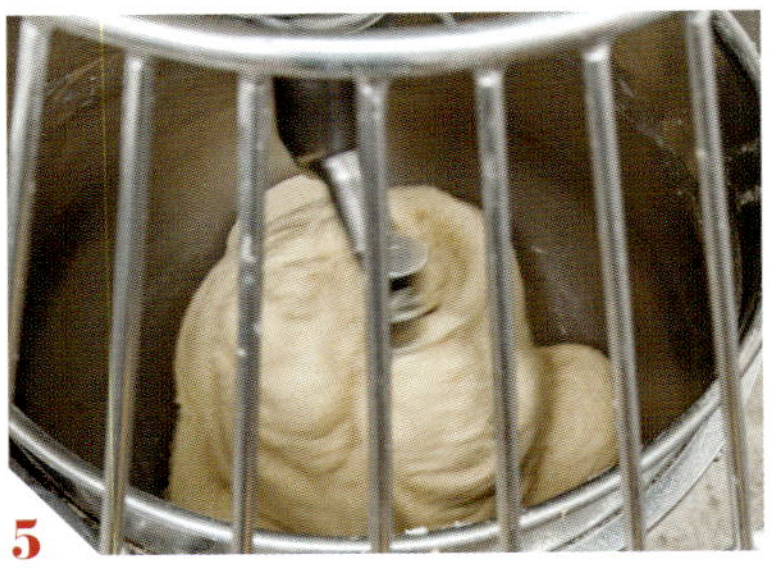

5
ある程度混ざったら、中速にあげて 6 分回す。

Chef's voice

バターが多く、なかなかグルテンが形成されないのでしっかり回します。ただし、クッキー生地にならないように見極めて止めて下さい。

6
引っ張って、やや力がある程度で止める。

● 発酵

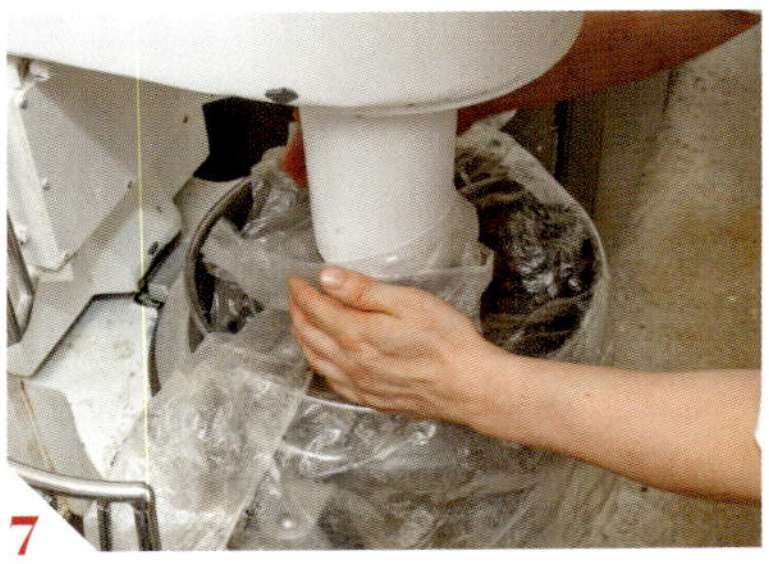

7
乾かないように覆いをして、室温で 15 分置く。

8
15 分後の生地。

● ミキシング

9
ラム酒を絞ったフルーツとピール、アーモンドを混ぜたものを 2、3 回に分けて投入する。そのたびに 30 秒～ 1 分程度混ぜる。

● 発酵

10
番重に取り出し、ふたをして 10 分置く。

11
10 分後。

● 分割・丸め

12
550g と 190g に分割。そのまま軽くまとめて、すぐ、成形に入る。

Chef's voice

レーズンがつぶれると生地が黒くなるので、スケッパーはプラスチック製を使います。

13
おしまるめ。

14
すぐ成形に入る。

● 成形

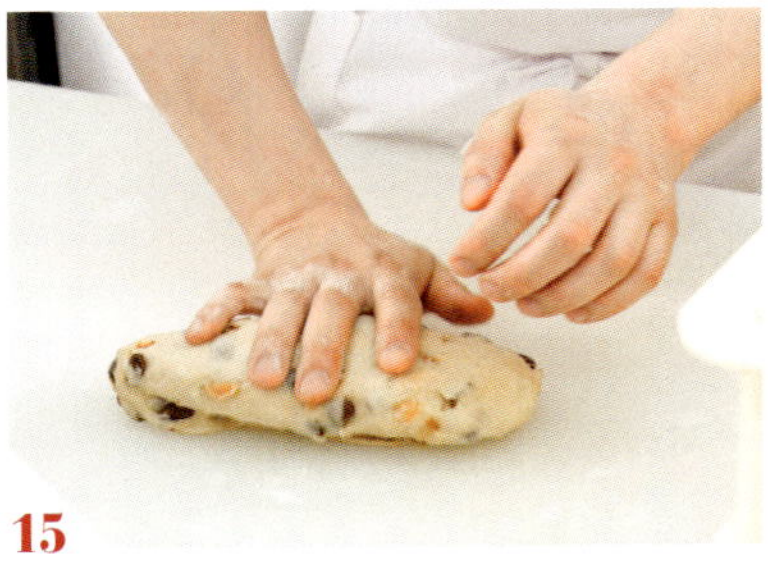

15
なまこ形にまとめる。

16
型に入れ、型に押しつけ、中央を凹ませる。

● ホイロ

17
しっかり型に押さえつけておく。

18
27℃、80% で 45 分（小型）～ 60 分前後おく。

19
写真はホイロ終点

Chef's voice

中央が小指 1 本分程度のへこみが残っているくらいがちょうどよいです。窯伸びするので。

● 焼成

20
型にふたをする。

21
オーブンは 200℃ /200℃に設定。20 ～ 30 分して 190℃ /190 ℃に下げ、さらに 15 分程度加熱。大きさによって 35 ～ 45 分焼成。

22
出したらすぐふたを取る。

23
型から出す。

〈仕上げ〉

24
溶かしておいた 無塩バターを刷毛で塗る。

25
シナモンシュガーをまぶす。

26
余分な砂糖は払う。粗熱を取る。

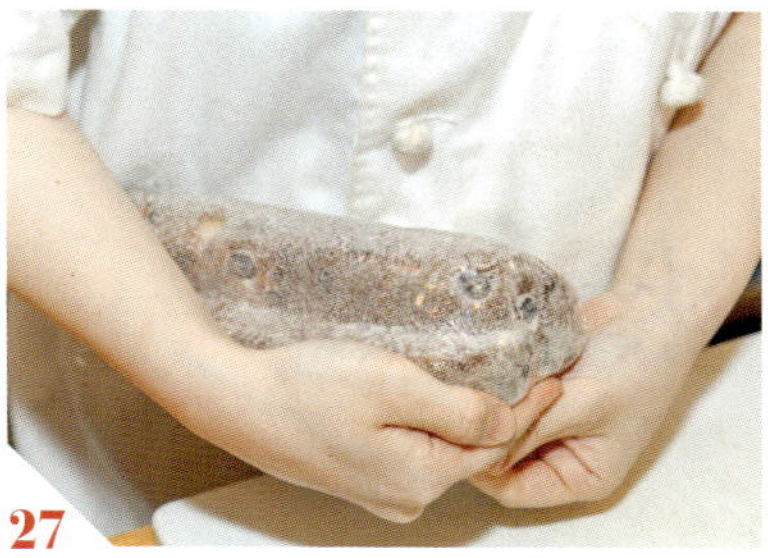

27
ラップ剤できっちり包んで 1 週間以上、ねかせる。

28
出荷する直前に粉糖をかけ、正式な包装をする。

南阿蘇　素材のみる夢

めるころ

Merukoro

原田 雅之さん

Masayuki Harada

3,500円（税別）（箱入り）

地元熊本の素材で寝かせて美味しいシュトレンを

「寝かせる」と風味が増す

寝かせて美味しい日持ちするシュトレンを作りたい。材料はできるだけ地元のもので。

そんな思いを抱きながらレシピを考えていた時、あるお菓子屋さんの講習会からヒントを得て、今のシュトレンになりました。

この製法では、しっかりと周囲をバターでコーティングしたあと、一定温度の冷暗所にしばらく寝かせることで素材が互いになじみ、できたてにかすかに感じられる酸味もなくなり、こくの深い味わいになるのです。

材料は、熊本県産にこだわって

元種にヨーグルトを使っているのは、元種の発酵時間が短いため、その発酵を有効にさせ、香りや熟成を補いたいと思ったからです。ヨーグルトそのものの味わいは、他に副材料が多く入っているので表には出ませんが。

粉は、熊本県産の強力粉と薄力粉で調整して、また、塩もバターも県内で美味しいと思うものを限定して使っています。

またかんきつ系の香りにレモンやオレンジは定番ですが、ここに愛媛産の甘夏のピールもスライスにして、存在感も残すような切り方で入れています。

12月前に、製造は終了します

作り始めるのは毎年9月です。1回に16個ずつ作り、バターの上に粉糖をすりこんでビニールで包み、ホイルで覆って18度の冷暗所で1カ月以上寝かせて出しますから、販売は11月になってから、製造も11月いっぱいで終了です。

ドイツの慣習に習うなら、クリスマスの4週間前から少しずつスライスして、12月のおやつとして楽しんでいただけたらと思います。

Merukoro

〈Ansatz　元種〉

1
牛乳とはちみつを鍋に入れ 30℃を超えない程度まで温める。

2
セミドライイーストと水と合わせたところへ **1** を入れ、混ぜる。

3
ミキサーボウル（縦型）に移し、粉を入れ、低速で回す。

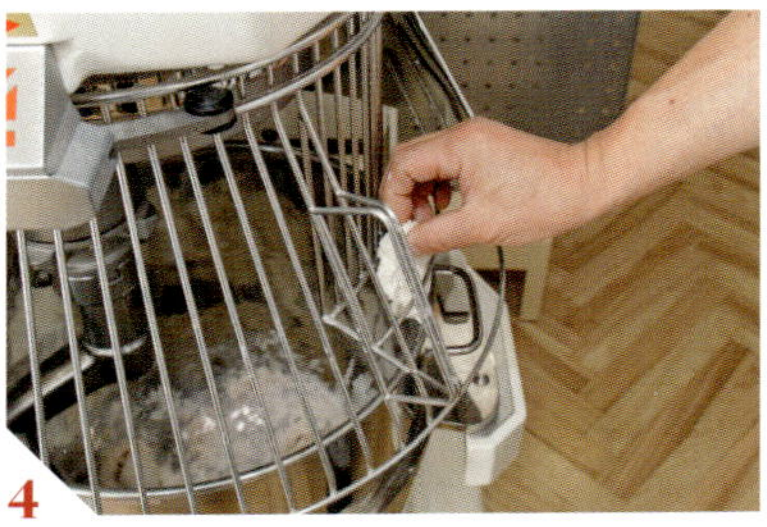

4
まとまってきたら、パートフェルメンテをちぎりながら入れる。ここまで低速で約 5 分。

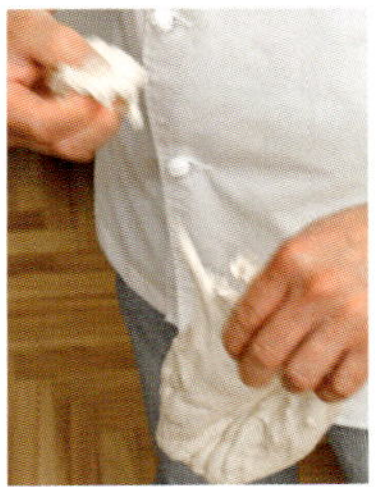

材料　配合

◎ Ansatz　元種

牛乳	400g
はちみつ	80g
セミドライイースト	80g
水	150g
パートフェルメント (水 65%)	500g
強力粉 (南のめぐみ)	900g
ヨーグルト	200g

◎ 本 捏

バター	1120g
マジパン (リューベッカ)	320g
塩（天草の塩）	32g
バニラシュガー	32g
バニラビーンズ	2 本分
カルダモン	2g
レモン果汁	16g
レモンの皮 (すりおろし)	30g
グラニュー糖	80g
卵黄	100g
強力粉 (南のめぐみ)	650g
薄力粉 (黄金月)	650g

● フルーツ

サルタナ（水洗いしてむす）	2700g
クランベリー（水洗いしてむす）	300g
オレンジピール	300g
甘夏ピール	200g
ラム酒（ネグリタ）	150g

アーモンド（ロースト）	250g
カシューナッツ（ロースト）	250g
いちじく	32 個

◎ 仕上げ

バター	適量
粉糖とトレハロースが 1：1のもの	適量
粉糖とデコレーションパウダーが 1：1のもの	適量

フルーツとアルコールは 2 日前に合わせておく

※ いちじくはヘタを取り、蒸し、グラニュー糖と赤ワインで煮る。その後ラム酒とバルサミコ酢を合わせたものに浸けておく

工　程

Ansatz 元種

ミキシング(フック)	： L 5分　ヨーグルト↓　M 3 分
発酵	： 5℃　20 ～ 30 分

本 捏

クリーミング	： ビーター 5 分
ミキシング	： 手ごね（粉を入れて）　種↓L 2 ～ 3 分　フルーツを入れる
分割	： 530 ～ 540g　15 ～ 20 分休ませる
成形	： 半切りいちじくを4個入れて成形
焼成	： 200℃ /180℃で 45 分、ふたをとって 180℃ /180℃に下げ、15 分

仕上げ

オーブンから出したらすぐにラム酒を吹きかけ、バターをしみこませる（100g ～ 120g）。粉糖とトレハロース(1:1) を手ですりこむ。冷ましてラップし、アルミホイルで包んで18℃の冷暗所で保管。出荷前に、粉糖とデコレーションパウダー (1 : 1) をすりこんで、包装。

5
生地がほぼ出来上がってきたらヨーグルトを入れて生地を仕上げる。中速 3 分。

6
ボウルに移し、5 ℃の冷蔵庫で 20 ～ 30 分置く。

7
20 分たったところ。

〈本捏〉

● クリーミング

8
ボウルにバターを入れ、回しながらマジパンをちぎって入れる。

Chef's voice
マジパンは、常温でバターとほぼ同じ硬さにします。ただしバターは常温まで戻すと戻し過ぎなので注意すること。

a

b

c

d

9　続いて塩を入れてなじませ、バニラシュガー（さやごと粉にしたもの）を入れる。さらにバニラビーンズ、カルダモン、レモン汁、レモンゼスト、グラニュー糖、卵黄の順に、一つ入れるごとに、高速でしっかりなじませていく。（**a** はバニラシュガー、**b** はレモンゼスト、**c** は卵黄）

● ミキシング

10
9 に粉を入れ、手で合わせる。

11
7 の元種を加え、フックに変えて低速で 2 分ほど回す。

12
生地できあがり。

13
フルーツとナッツを加え、ミキサーでざっくり混ぜる。

14
均等に混ざっているか確認しながら台の上で仕上げていく。

● 分割

15
生地を530～540gに分割。

16
揉んでまるめ、乾燥しないようにしてそのまま15～20分程度休ませる。

● 成形

17
めん棒で生地を丸く広げ、中央をやや凹ませる。

18
半分に切ったいちじくを4つ並べて包む。

19
閉じ口を上にして、バターを塗った型に入れる。

● 焼成

20
型のふたをして、200℃/180℃で45分、フタをとって180℃/180℃に下げ、15分焼成。

〈仕上げ〉

21
バターを湯煎で溶かし、浮いてくるアクを取り除き、上澄みだけを集める。

22
焼成後、すぐラム酒をふきかけ、10～15分そのままにして粗熱を取る。

23
バターの上澄み（50℃くらい）を100～120g、しみこませる。

24
バターを少し切って、粉糖とトレハロース（1：1で混合）を、全体にまんべんなく手ですりこむ。しばらくしてバターになじんだら、もう一度、付ける。ラップし、アルミホイルで包んで18℃の冷暗所に1カ月以上保管。

25
上写真の中央が1カ月経った状態。出荷するときは、粉糖とデコレーションパウダー（1：1）をまぶして包装。

ウィーン菓子工房

リリエンベルグ

Lilien Berg

横溝 春雄さん

Haruo Yokomizo

大　約25cm　3,600円（税別）（透明ケース入り）
小　約14cm　1,600円（税別）（透明ケース入り）
ちび　約5cm　400円（税別）（袋入り）

信条は、鮮度のいいお菓子
製造期間も量も上限を決めています

自分が美味しいと思う味で

ウイーン菓子を勉強していた在欧時代、クリスマス時期にシュトーレンは当たり前の光景でした。修行先の老舗『デメル』でも当時、クリスマス前からイースターのころまで販売していましたからね。

でも、正直なところ、現地では強い香辛料やローマジパンが入っていたりと、あまり自分の好みではなかったんです。それで、30年前に自分の店を始めるときには、ローマジパンを巻くよりフルーツをたくさん入れるレシピがいいなと思って、事実そうしました。

山形産いちじくとのご縁

フルーツ類はラム酒に1年漬けます。スパイスは控えめ、中には山形産のいちじくを現地で指定のレシピでセミドライっぽくコンポートにしてもらったものを巻きます。このいちじくはもともと知り合いが送ってくれたのがご縁。いい産地や生産者に出会ったら損得より長いお付き合いを目指す。こうした提携先はうちの財産です。

成形ははじめのころは型を使っていましたが、表面がつるんとしてなかなかバターが染みこまない。でも、手成形だったら、と気づいてからはずっと今の方法です。

“鮮度”を大事に作りすぎない

うちは生菓子はもちろんですが焼き菓子も鮮度を大切にしています。ですからシュトーレンもバターに漬けた後に長く置かないように、11月初めの販売開始の2日前に作り始めます。それでも11月20日ごろからは2人の夜勤体制をとって、12月20日くらいまで毎日、粉4キロ仕込みで4回、焼き続けます。

それでは足りないこともありますが、なんでもやりすぎない、ということも大事にしているんです。

Lilien Berg

〈本生地〉

●ミキシング

1

ミキサーボウルに粉、砂糖、塩、トレハロース、ドライイースト、スパイス類を加える。軽く全体を混ぜておく。

2

ボウルに牛乳と卵、水を合わせ、**1** に注ぎ入れる。

3

ミキサーのスイッチを入れ、1速で約2分混ぜ、粉気がなくなったら2速にして約3分回す。

4

いったんミキサーを止め、バターを入れる。

5

全体になじむまで3速で回し、そのあと2速に戻して3分ほど回す。

材料　配合（仕込み1回分）　※写真は下記の3/8量で撮影

リスドオル	3200g
スーパーバイオレット	800g
牛乳	1000g
全卵	8個
塩	40g
水	550g
ドライイースト	85g
微粒グラニュー糖	1000g
トレハロース	200g
シナモン	12g
ナツメグ	5g
オールスパイス	6g
バター	1200g

●フルーツ＆ナッツ

アーモンド（ロースト）	1000g
くるみ（生）	500g
フルーツ漬け（数種類のドライフルーツのラム酒漬け）	1000g
オレンジピール（果汁と砂糖で漬け込み）	600g
いちじく漬け（ドライいちじくのラム酒漬け）	300g
レーズン（水洗いのみ）	1500g

いちじくのシロップ煮（センター用）	適量

◎漬け込みバター

発酵バター	適量

※焼きあがる前に加熱して水分を飛ばしたあと、漉しておく。

左奥はフルーツ漬け（プルーン、あんず、パイナップルなど適宜組み合わせてラム酒に1年程度漬け込んだもの）。左下はいちじく漬けを細かく切ったもの。ナッツ類はレーズンの大きさとほぼ同等に砕いておく

センターに巻き込む山形産いちじくは、リリエンベルグのレシピで現地でコンポートにしてもらったもの。1/2カットにして、大型と中型のシュトーレンに包む

工　程

本生地

ミキシング	：1速約2分、2速約3分。バターを入れ、3速。その後2速3分。フルーツ、ナッツ類を入れ、1速。
捏上温度	：27℃
発酵	：60分
分割	：440g、200g、60g
ベンチタイム	：30分
成形	：手成形、いちじくを巻く
ホイロ	：60分（窯の上で）
焼成	：200gサイズの場合　190℃/190℃　15分　→　190℃/0℃ 15分
	440gサイズの場合　190℃/190℃　15分　→　190℃/0℃ 20分
	60gサイズの場合　190℃/190℃　15分　→　190℃/0℃ 10分

仕上げ

全体にピケ　→　焦がしバターに浸け、グラニュー糖をまぶす。
冷めたら粉糖をかける。

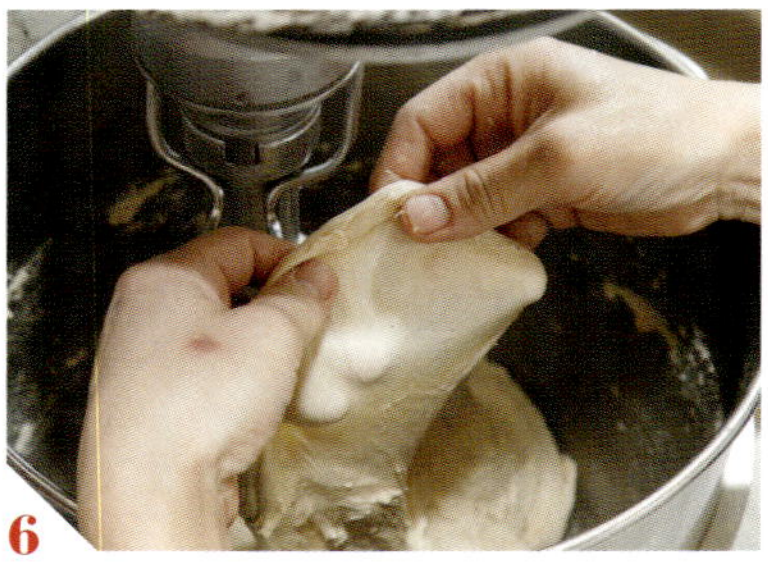

6

グルテンチェックをして、生地が薄く延びれば生地の完成。まだのようなら、もう少しミキシングする。

7

6 に、フルーツ & ナッツの混ぜたものを入れる。

8

1 速で全体が均一になるまで混ぜる。ときどき止めて上下を返す。

9

生地を番重に取り出す。捏ね上がり温度が 27℃を目指す。

● 発酵

10

乾燥しないようにふたをし、オーブンの上など、暖かい場所で発酵をとる（約 60 分）。

11

発酵 60 分後。

● 分割・丸め

12

大 440g、小 200g 、ちび 60g に分割して軽く丸める。

13

再び、乾燥しないようにふたをして、暖かいところで 30 分ベンチタイムをとる。

14

30 分後。

● 成形

15

成形する。生地を長方形に延ばし、長い辺を手前にして 1/2 カットのいちじく漬けを横一列に並べる（大サイズで約 8 個程度）。いちじくを包むように手前から折りたたむ。

Chef's voice

最終的にパッケージに入るように、サイズは確認しながら延ばします。

16

生地を向こう側からも折りたたむ。

17

さらに向こう側から手前にかぶせるように折りたたむ。

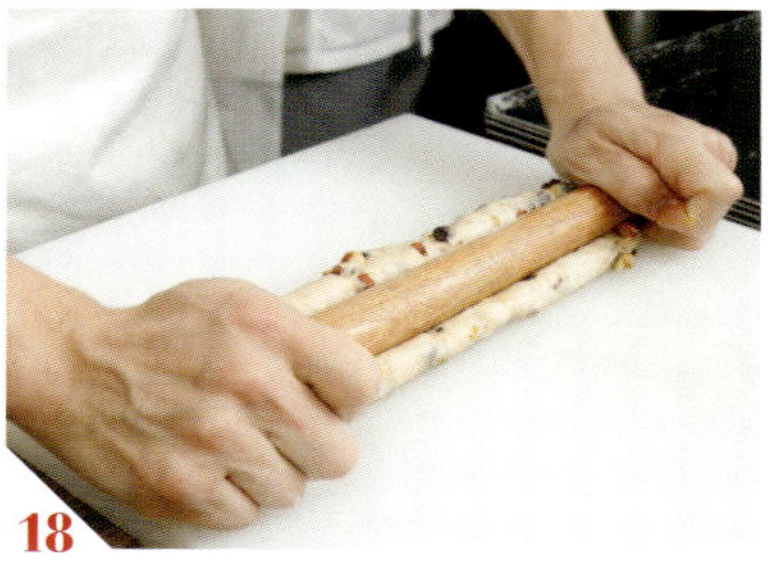

18

中央に山ができるように、手前と向こう側をめん棒で押さえる。

●ホイロ

19

天板に、間隔を置いてのせる。

20

乾燥しないように全体に霧を吹き、カバーを掛けてオーブンの上など暖かい場所でホイロをとる（約60分）。

小サイズ

小サイズには、いちじく1/2カットを3、4個包む。

ちびサイズ

ちびサイズはいちじくは包まず、生地を丸めなおす程度で焼成する。

●焼成

21

90℃ /160℃に温めたオーブンに入れる。15分加熱後、天板の前後を変えて200℃ /0℃にしてさらに15分加熱する（小サイズ）。大サイズはこれより5分ほど長め、ちびサイズは後半190℃ /0℃にして網天板をかませ、さらに数分早めに出す。

Chef's voice

焼成前にもう一度、パッケージに収まるよう大きさを確認します。

★焦がしバターを作る。

発酵バターの香りを大切にしたいので、あまり色をつけない程度で火を止めて、漉す。

〈仕上げ〉

22

焼けたシュトーレンの全面に、竹串などで穴を開ける。

23

焦がしバターは130℃を保ちつつ、焼けたてのシュトーレンを浸す。染み込ませるバターの重量は、大サイズで100g、小サイズで50g、ちびサイズで25g。

24

グラニュー糖をまぶす。

25

冷めたら粉糖をかけ、一晩おき、翌日ラッピングする。

パティスリー ノリエット

Pâtisserie Noliette

大 2,750円（税別）
小 1,900円（税別）

永井 紀之さん
Noriyuki Nagai

昔から伝わる一年に一度の味
紆余曲折を経て、いまはシンプルに

シュトレーンの到達点を求めて

店を始めた1993年から作っています。最初の頃は今ほど知られていなかったので、スライスして、焼き菓子として出していました。でも、実は外見は変えないもののレシピは毎年のように変えてきたんです。

通常のお菓子なら、自分の方向性が一度決まると数年は変えません。でも、シュトーレンは自分の到達点がきちんと定まらなくて、パンぽく作ったり、フルーツケーキっぽく作ったり、少しですけど牛脂とグラス・ド・ヴィヤンドを半々で入れていたときもあります。

やり過ぎない、原点に戻る

最初に製法を見たのはスイスのホテルで修行していた時です。ドイツ系の老パティシエが11月になると作り始め、木の棚の中に大切にしまうんです。1カ月ほどたったのを食べさせてもらったら、これが美味しくてね。その方のレシピをもとに日本で材料を選び直すうちに紆余曲折したというわけです。

最近はある程度パンぽくて、牛乳や卵で水分を多めにしっとりさせたこのレシピです。味を濃くしようとやっていた低温発酵のオーバーナイトも止めました。一般の方が焼いたシュトーレンを食べてシンプルでいいんだと自分のやり過ぎに気がついたんです。昔から伝わる一年に1回のものですから、そのままでいいんだと。

モーンとローマジパンの2通り

シュトーレンは7月からデパートのカタログ撮影が始まります。

うちはマジパン包みとこのモーンタイプを出しています。いつも11月から作って寒い部屋に作りためておき、12月に入ったら販売を始めます。

Pâtisserie Noliette

〈中種〉

1
常温の牛乳にパン酵母（生）を入れ、よく溶かす。

2
ふるっておいた粉を入れ、よく混ぜてひとまとまりにする。

3
本捏の粉をうっすらとかける。

Chef's voice

粉をかけると、乾燥防止になるとともに発酵が進んだとき、ひび割れてその目安になります。

4
オーブン近くの暖かいところで 15~20 分ほど発酵させる（冬場なら 30 分が目安）。

5
中種の完成。

材料 （写真は 2 倍量で製作）

● **漬け込みフルーツ**
レーズン（サルタナ）……1000g
オレンジ（カット）……600g
キルシュ……120g

● **モーンペースト　（自家製）**
生地 345g（1 個）当たり 75g

◎ **中種**
中力粉（メルベイユ）……48g
パン酵母（生）……16g
牛乳……48g

◎ **本捏**
バター……108g
ローマジパン……36g
砂糖……28g
全卵……22g
塩……4g
スパイス※（ミックス）……2g
※パン・デピス用を使用
中力粉（メルベイユ）……192g
アーモンド（ホール）……40g
ヘーゼルナッツ（皮付き）……40g
漬け込みフルーツ（別記より）……240g

◎ **仕上げ**
すましバター（発酵バター使用）……適量
シナモンシュガー
（シナモン 5g、砂糖 1000g）……適量

11 月からのシュトーレンづくりに向けて 9 月に漬けこむ。長時間置くことで味に深みが増す

別々にローストしたナッツ類は、上からめん棒を転がして粗く砕く。ヘーゼルナッツは皮を除いておく

モーンペーストは、1 個分ずつにまとめておく

工　程

中　種	
ミキシング	：ボウルで手混ぜ
発　酵	：20 ～ 30 分（室内の暖かいところ）
本生地	
ミキシング	：フルーツ類、ナッツ類以外を合わせて 3 ～ 4 分回す。
	：フルーツ類、ナッツ類を加えて 1 分回す。
分　割	：大 345g 小 230g
成　形	：モーンを包んで、型詰め
ホイロ	：30 分（室内の暖かいところ）
焼　成	：170℃ /170℃　50 分
仕上げ	
すましバターに浸け、乾いたらシナモンシュガーをまぶす。冷めたら粉糖をまぶす。	

〈本捏〉

●ミキシング

6
ミキサーボウルに粉、塩、砂糖、スパイス、ローマジパンを入れる。

7
中種、卵も入れる。

8
ミキサーを回しながらバターも入れる。

9
ボウルの中身を集めながら **8** の時間も含めて計 3 〜 4 分混ぜる。

10
ミキサーを止め、漬け込みフルーツとナッツ類を加えて 1 分ほど回す。

11
全体に均一に混ざればよい。

●分割

12
分割する。大で 345g 、小は 230g。生地をもんでまとめなおす。

●成形

13
型の長さに合わせて長方形にのばす。

14
モーンペーストを置く中央部分は少し生地を厚めにしておく。

15
棒状にまとめたモーンペーストを横一文字に置いて包む。

16
長方形の長辺を横にして巻く。

17
横幅は、型の長さにそろえること。

18
型に入れる。

● ホイロ

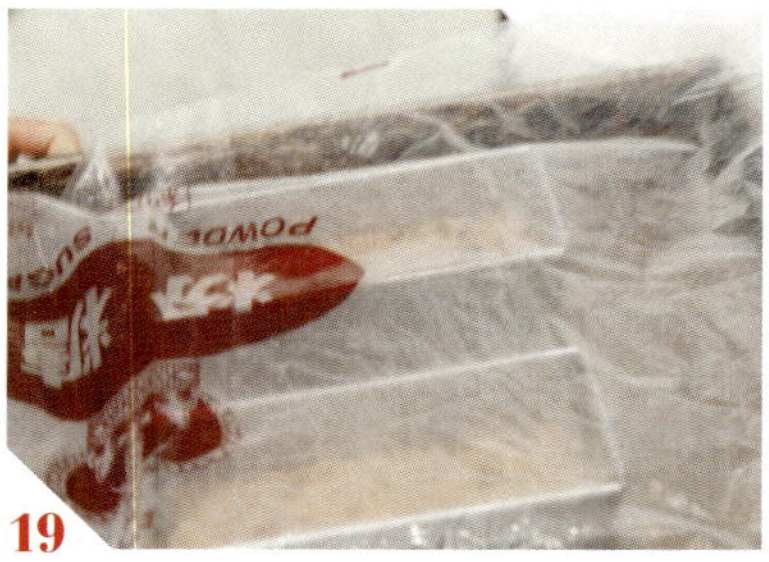

19
乾燥しないようにビニールで覆う。

20
オーブンの近くなど、暖かいところで 30 分ほどホイロをとる。

21
ホイロ終了。

● 焼成

22
170℃ /170℃のオーブンに入れ、全体で 50 分ほど焼成する。

23
途中 30 分の頃になったら、下に天板をもう 1 枚かませて加熱する。

Chef's voice

下火はあたりが強いので、下に 1 枚かませるだけでもあたりがやわらかくなります。

24
焼きあがり。

25
すぐ型から出す。

★すましバターの作り方

1. 鍋でバターを溶かす。表面に泡が沸いてくる。
2. 上一面、乳清（ホエー）で覆われるまで火にかける。
3. 目の細かいざるでこす。

〈仕上げ〉

26
型から出したらすぐに 45℃くらいのすましバターにつけて、冷ます。

Chef's voice

バターはホエーが残っていると臭くなるので水分はよく飛ばしておく。また、すましバターの中に浸けすぎると中の水分がこもるので注意してください。

27
シナモンシュガーをまぶす。

28
よく冷めたら粉糖をまぶす。

29
粉糖は上からしっかり押さえつける。ラップして 1 カ月をめどに寒い部屋に置く。

コンディトライ・フェルダーシェフ

KONDITOREI FELDERCHEF

田頭 享さん

Kyo Tagashira

通常タイプ　小 1,620円（税込）

大 3,240円（税込）

ヴィンテージ　3,780円（税込）

ドイツのレシピを集めて分析
チャレンジ７回目でドイツで金賞に

日本の気候に苦難のスタート

９月下旬から10月、涼しくなってきたらシュトレン作りのスタートです。１日36本、１シーズンでだいたい２０００本作ります。

でも、ドイツで菓子マイスターの資格を取って日本で開業したばかりの２００１年頃は50から１００本がやっと。当時のレシピと日本の気候が合ってなかったんです。経験や認識のある方々によくご意見をいただきました。

恩師の辛口批評で腕を磨く

私のレシピのベースは、ドイツはケルンで習った菓子学校の、当時の校長シンドラー氏が生徒に一本ずつつくれたシュトレンです。めちゃくちゃ美味しくてね。

開業後、ドイツの他のレシピも相当数集めて分析し、毎年シンドラー氏に送りました。辛口コメントが徐々に和らいだ頃、ついに日本人で初めてドイツ農業協会の国際食品品質競技会製菓部門で金賞が取れました。２０１４年、７回目のチャレンジのことでした。

寝かせる美味しさを追求中

ドイツに暮らして、ドイツ人の「無駄にしない。大切にする」といった考え方は、バターコーティングして貯蔵するシュトレンにも通じると感じました。だからこそこういった伝統菓子は私たちが勝手に進化させないで、昔からの製法を継ぎたいと思っています。

私が目指すのは、中はしっとり、周囲はサックリとしたシュトレンです。さらに私はベタなバターづけをして、最低でも常温で３週間は寝かせたい派なんですね。５年前からはワイン仲間からアイデアをもらって１月から11月まで置くヴィンテージものを本格製造しています。乳酸臭が独特の美味しさを醸し出します。

KONDITOREI
FELDERCHEF

〈中種〉

1
牛乳を 18 ～ 21℃に調整して、パン酵母（生）とハチミツを溶かし入れる。

2
ミキサーに中力粉と **1** を入れて、ビーターで合わせる。（1 速 3 分　⇒　2 速 1 分）の時間を厳守する。

3
捏ねあがり。

4
表面を張るようにまとめてボウルに移し、生地温度を確認する（24 ～ 27℃であること）。

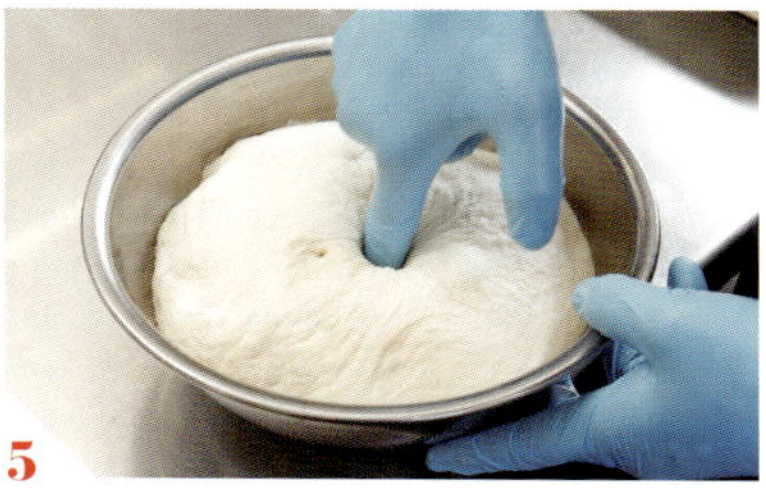

5
約 30 ～ 40 分ホイロでねかせる。（指を入れたらガスが抜け、生地がしぼむといった状態まで発酵）。

材料　配合（10 本分）

● **漬け込みフルーツとナッツ**

レーズン	833g
オレンジピール	62g
レモンピール	122g
ラム酒（国産）	62g
アーモンドホール	62g

◎ **中種**

中力粉（フランス）	208g
牛乳	150g
パン酵母（生）	54g
ハチミツ（国産）	8g

◎ **本捏**

バター（当日の朝、常温に出しておく）	437g
マジパンローマッセ	162g
ラム酒（国産）	22g
ハチミツ（国産）	92g
塩	17g
シュトレン香料	15g
レモンの皮	3g
バニラシュガー	0.5g
強力粉（ビリオン）	417g
中力粉（フランス）	208g
牛乳	100g

◎ **漬け込みバター**

未凍結バター	500g

※焼きあがる前に湯煎で溶かしておく。

フルーツは 1 ～ 2 日しか漬けない。アルコール分は飛ばし、香りがふわっと残る程度を目指す。国産のラムのキレのよさがポイント

ローストしたアーモンドを粗く刻む

天板にはダンボールを敷き、その上にベーキングペーパーを敷いて火のあたりを和らげる

工　程

1. アーモンド以外の材料をビニール袋に入れてラム酒に漬けておく（1 ～ 2 日以内）。
2. アーモンドホールは仕込み当日、180℃のオーブンで 5 分ローストし、粗く刻む。
3. 作業前に 1 と 2 を混ぜておく。

中種	
ミキシング（縦型）	：1 速 3 分　2 速 1 分
捏上温度	：24~27℃
発酵	：30~40 分（暖かめの室温）
本生地	
ミキシング（縦型 ビーター→フック）	：ビーターで粉以外→粉類→中種の順に加える。 全てが入って 1 速 2 分程度でフックに変える。 その後 1 速 6 分、2 速 2 分 漬け込みフルーツを加える（1 速で最低限）
捏上温度	：26~26.5℃
発酵	：30 分（暖かめの室温）
分割	：300g
ベンチタイム	：30 分
成形	：手成形
ホイロ	：20~30 分（暖かめの室温）
焼成	：180℃ /200℃　5 分　→　蒸気抜く　→ 170℃ /190℃　25 分 →　前後を返して 5 分 ~

仕上げ

全体にピケ　→　溶かしバターを塗る　→　溶かしバターに浸け、
バニラシュガーをまぶす。一晩置いて、翌日袋入れ。
販売の 2 週間前に粉糖をかける。

〈本生地〉

ミキシング

6

ミキサー（ビーター）にバターを入れ、低速で回す。

7

続いて、ハチミツ、塩、レモン皮、バニラシュガー（合わせておく）、マジパンローマッセ（ラム酒と合わせておく）も加える。

Chef's voice

バター生地はバタバタとたてないこと。空気を抱き込みすぎるとべたついた生地になってしまいます。

8

牛乳も入れてさらに混ぜる。

9

シュトレン香料とあわせてふるっておいた粉を入れて、粉気が残るくらいに軽く合わせておく。

10

発酵が完了した中種を一度に入れる（ビーター）。

Chef's voice

シュトレンは、しっかり発酵させた発酵生地と、空気を抱き過ぎないバター生地を作ることがポイントです。

11

ボウルの内側をそうじしつつ、均一に混ざるように気をつける。1速8分（ビーター⇒フック）

12

生地がボウルからはがれはじめたら（回し始めて2分くらいで）、フックに変える。2速にしたら2分まわす。

Chef's voice

最後に2速にするのは、生地のコシを強くするためです。

13

フルーツを3回に分けて合わせる。フルーツが全体に散ったらオッケー。

Chef's voice

フルーツが入ると、生地が傷み始めるので、練りすぎないことが大事です。

発酵

14

生地を番重に入れ、ビニールをかけて30分ねかせる。（生地温度26～26.5℃）

Chef's voice

生地温が低い場合は、ゆっくり時間をかけて30分以上発酵させてください。

分割・丸め

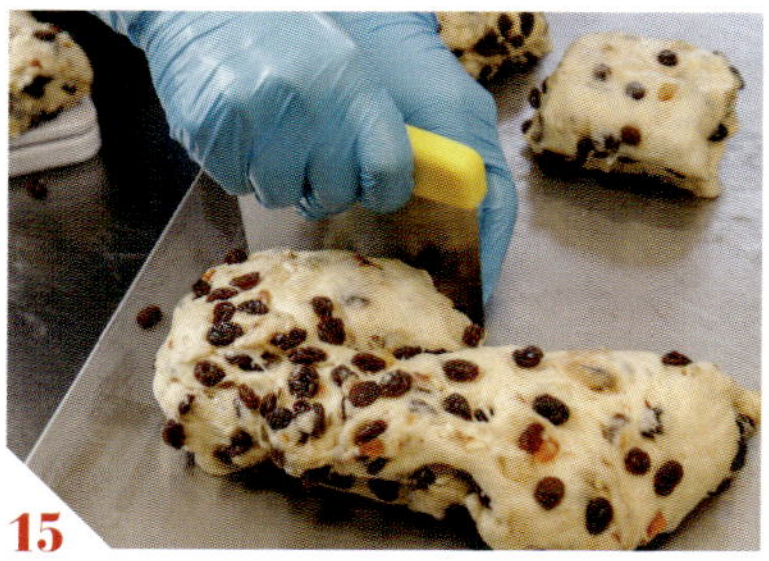

15

生地を300gずつに分割。

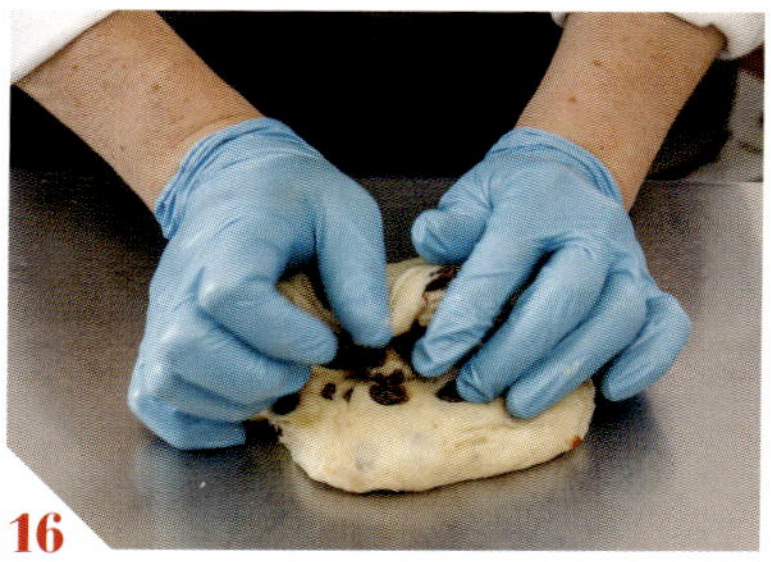

16

レーズンが表面に出ないように丸める。

成形

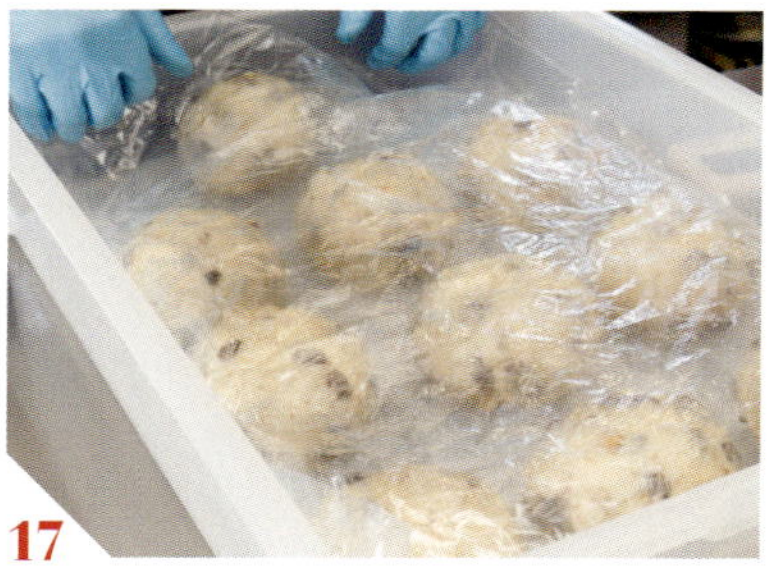

17

丸めた順番に番重へ並べ、その順番に成形を開始できるようにしておく。ビニールをかけて20分ねかせる。生地が硬いようなら時間を延長し、ゆっくりと発酵を待つ。

18
成形。表面にレーズンやアーモンドが出ないように注意しながら、めん棒で楕円形に延ばす。

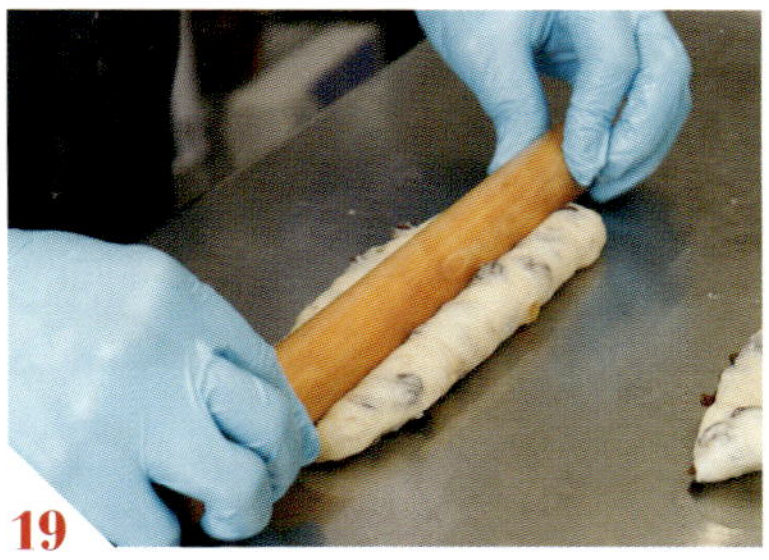
19
生地を 6 対 4 に切り分けて、6 のほうは長方形にまとめなおして中央をくぼませる。

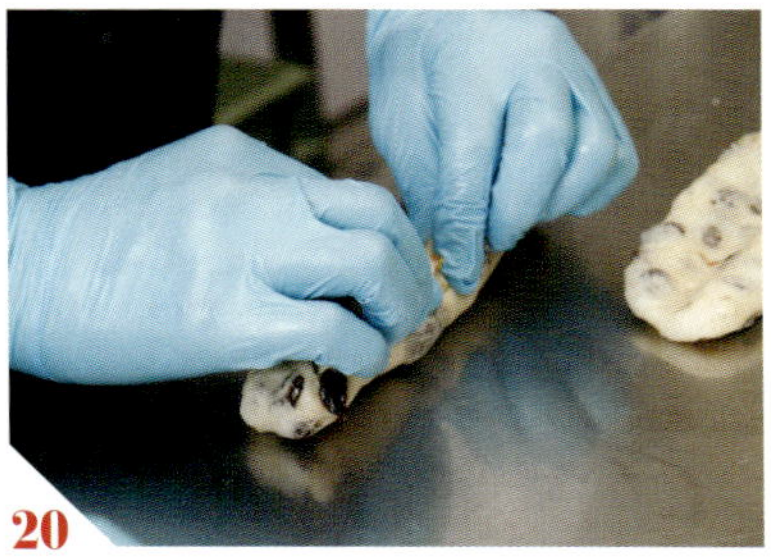
20
4 のほうの生地は棒状にまとめる。

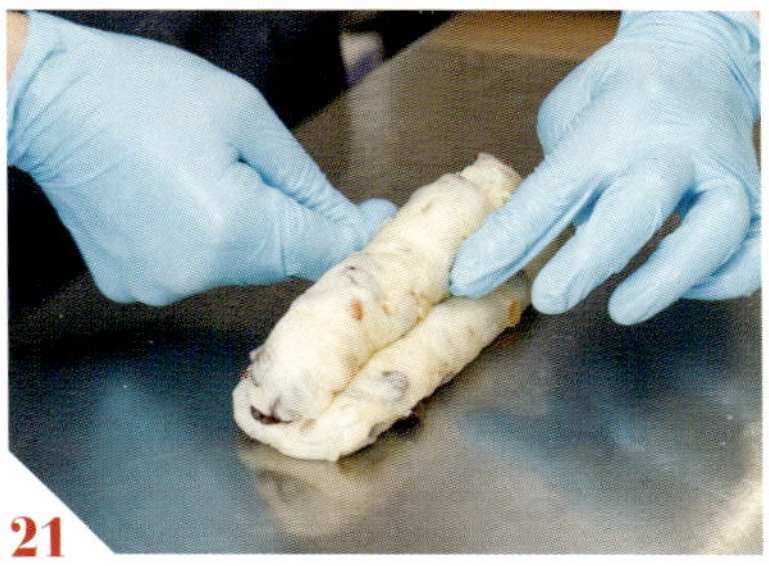
21
19 の生地のくぼみに **20** の生地をのせる。

焼成

22
ビニールを掛けて 20 分寝かせる。

23
生地を触ったとき、ガスの泡がつぶれるような感触まで発酵したら、順番に、蒸気または霧をかけて（しっかりめ）オーブンへ。

24
180/200℃で 5 分。そののち扉をあけて、しっかり蒸気を抜き、170/190℃に落として約 25 分焼成。前後を返して 5 分。焼き色をみて、甘いようなら時間を伸ばす。

25
底の焼き色を必ずチェックすること。表面と同じ色になるまで焼く。

〈仕上げ〉

26
焼き上がったら表面の焦げたレーズンをはずし、竹串などで全体にピケする。

27
ハケで表面全体に溶かしバターを塗る。

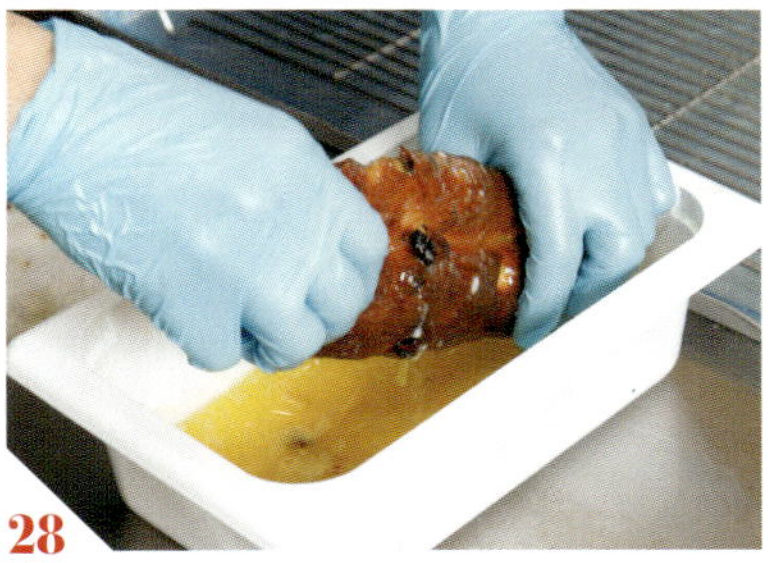
28
粗熱がとれたら、溶かしバターにしっかり浸ける。

Chef's voice
塗り用バターも漬け込み用バターも、バターは常にアツアツの状態で。

29
バニラシュガーをまぶす。

30
一度、袋詰めしてしばらくおき、販売の 2 週間前に粉糖を振る。

クラシック　3,300円（税別）
スタンダード　2,200円（税別）
ミニ　1,500円（税別）

オトワレストラン

Otowa restaurant

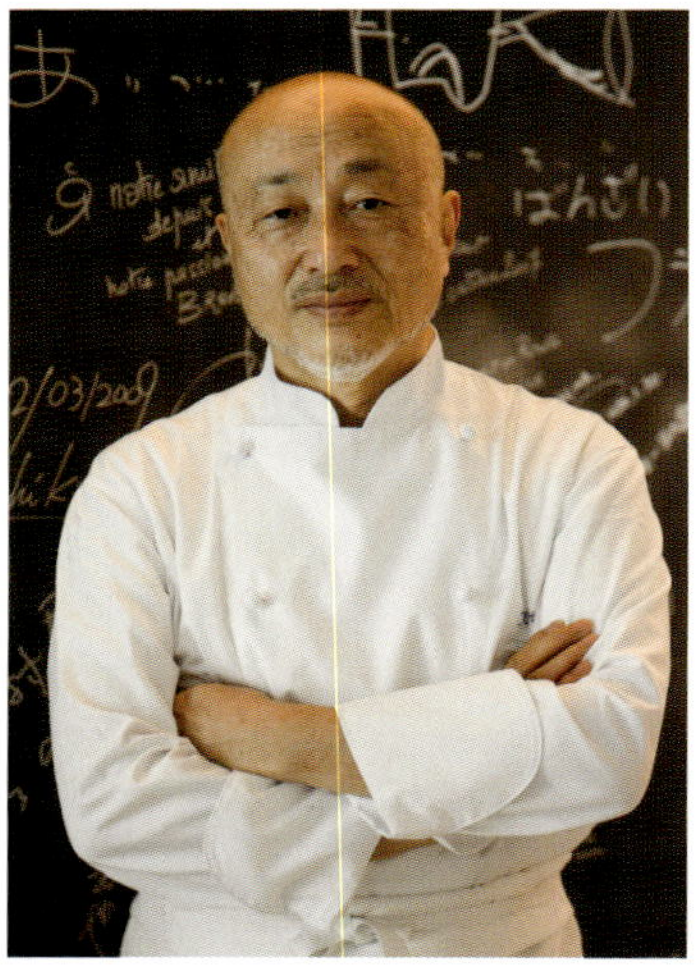

音羽 和紀さん
Kazunori Otowa

ドイツ修行で出会ったお菓子 伝統を重んじつつ、自由な発想も

ドイツでもらったレシピから

ドイツ、スイス、フランスと修行して、東京を経て故郷の宇都宮に店を開いたのが１９８１年です。最初はフランス料理店としてブッシュ・ド・ノエルをやっていましたが、数年後にシュトーレンに切り替えました。

１９７２年にドイツ・ケルンのホテルで修行していたとき、パティシエの長が「冬のドイツの大切なお菓子だ。何かのときにはこれを使っていいぞ」とくれたレシピが、いまのベースになっています。

日本人には、しっとり感必須

ただ、正直なところそのレシピでは日本人には厳しいなと思ってバターを増やし、フルーツ類はしっかりマリネし、しっとり感を求めてかなり改良しました。日本人にはしっとり感、絶対必要ですからね。

当初は伝統に重きを置いていた部分もありました。でも最近は、基本は守っても他は自由でいいんじゃないかと思うようになりました。

ですから、販売店舗は限定的にしていますが、奈良の干し柿や茶葉を入れたりと、いろいろなアレンジにもトライしています。

うちの冬の定番菓子のひとつ

シュトーレンを始めた当初、宇都宮でこれを知る人はまだ少なく、自分が初めて修行した思い出のドイツの伝統菓子といった物語でお勧めしていました。いまは、待降節の話を添えて、だいたい毎冬２０００個ほど作っています。

作り始めるのは9月下旬か、最近は暖かいので10月初旬になることもありますが、冬の、うちのお菓子として定着した感がありますね。

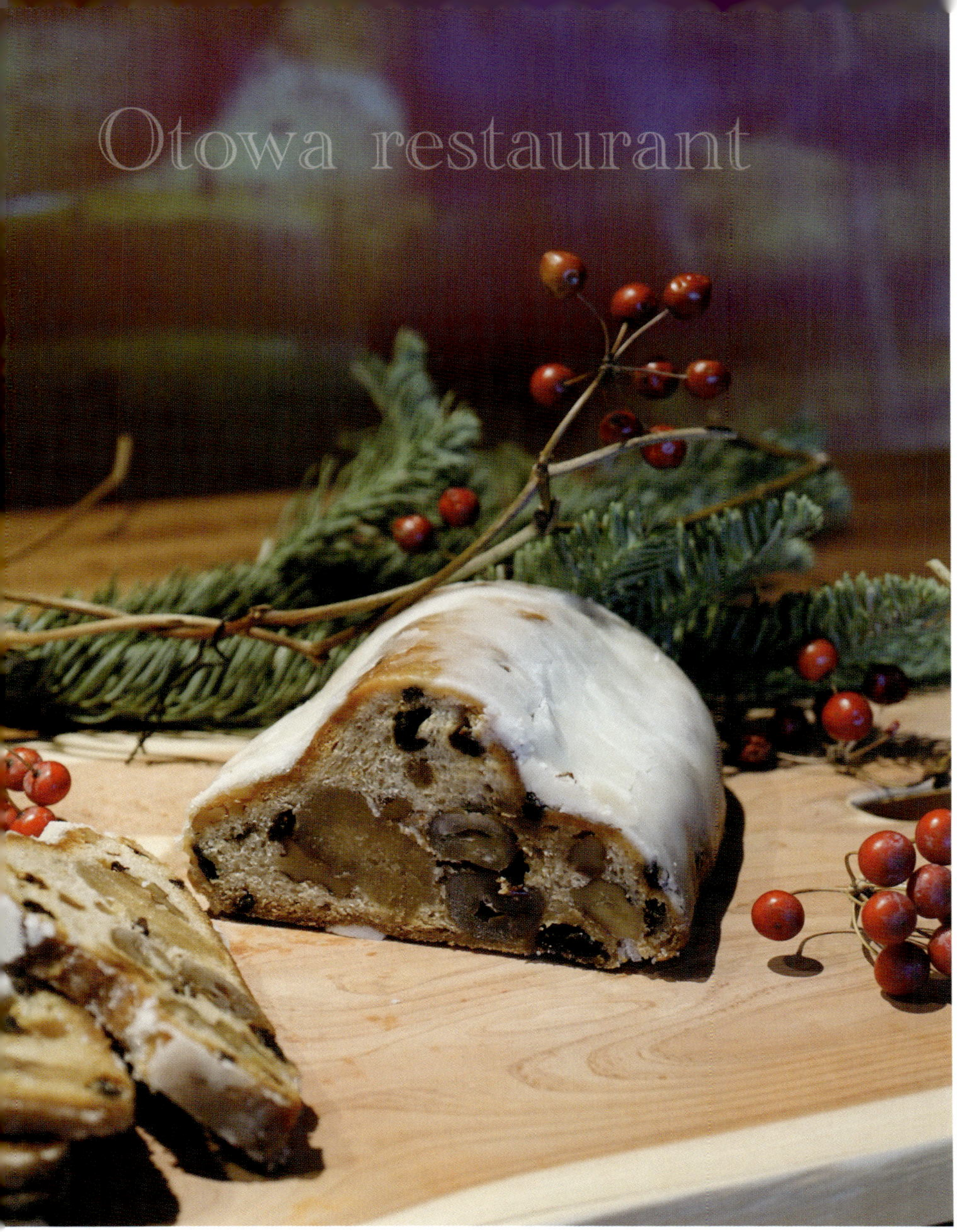

材料 （生地 500g で約 6 本分）

◎ 中種

強力粉	600g
パン酵母（生）	70g
牛乳	360g

◎ 本捏

強力粉	400g
塩	12g
グラニュー糖	125g
トレハロース	50g
脱脂粉乳	30g
卵	2 個
バター	280g ＋ 120g

● 漬け込みフルーツ

レーズン	350g
カレンズ	105g
オレンジ・コンフィ	110g
レモン・コンフィ	130g
アーモンドスライス	100g
ラム酒	40g
ブランデー	10g
水あめ	70g

※以上のものを全部あわせて
3 週間漬け込んでおく

◎ ナッツ類

くるみ	40g
むき栗	300g

◎ 仕上げ

溶かしバター	適量
グラニュー糖	適量
粉糖	適量

作り方

中種

1 分量の牛乳を温め、パン酵母（生）を溶かす。
2 強力粉を入れてミキシングし、1 時間発酵をとる。

本捏

3 本捏の材料を全て合わせる。ただしバターはここでは280g のみ。さらに中種も合わせてミキシングする。
4 **3** に残りのバターを加える。
5 漬け込みフルーツとナッツ類を刻んで **4** に加える。20 分休ませる。

焼成・仕上げ

7 生地を分割成形し、175℃のスチーム・コンベクションで約 40 分焼く。
8 焼きあがったらすぐ、溶かしバターに全体を 20 秒程度漬け込む（はかりにかけて、バターの染みこみ重量を計る）。
9 取り出してグラニュー糖を全体に十分まぶす。
10 完全に冷めたら粉糖を全面に振って包装する。

※写真はカット面を軽くカラメリゼしています。

シュトーレンのパンプディング

1
パウンドケーキ型に霧（アルコール）を吹きかけ、ラップを二重にはる。オーブンを上下とも200℃に温める。

2
フラン液を作る。卵とグラニュー糖をよくときほぐす。

3
牛乳を加えて、よく混ぜる。

4
シノワでこす。

5
シュトーレンをできるだけ小さくほぐす。

6
ここで、ローストしたクルミやシロップ煮の栗を加えても良い。

7
6 と **4** をあわせる。

8
しっかりフラン液が浸透するようにもみこむ。

材 料

（15ｃｍ× 5cm ×高さ 4cm のパウンド型 3 本分）

シュトーレン	300g（小 1 本分）
フラン液	200g（下記より）

● フラン液（作りすい分量）

牛乳	300g
卵	4 個
グラニュー糖	60g

シュトーレンのラスク

シュトーレンを 8mm 幅でスライスし、
125℃のコンベクションオーブンで乾燥焼きする。

9
シュトーレンとフラン液のバランスは好み。フラン液をもっと多くするとプリンのようになり、少なくすると硬めの食感になる。

10
型の 9 割程度まで流し入れ（1 本約 260g）、冷蔵庫で半日から 1 日程度、なじませる。
1 日置くと、全体にしっとりする。なじませる時間が短いとパンの食感が残る。

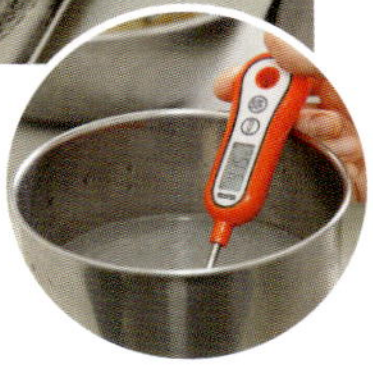

11
パウンドケーキ型を大きめのバットに並べ、お湯を型の高さの半分くらいまで注ぐ。
※このときのお湯は 42℃程度が望ましい。

12
バットごとオーブンにいれ、200℃で約 45 分間加熱する。しっかり焼き色がついたら型ごと急冷バットに移して急速冷凍で 15 分ほど冷やす。逆さにして型から取り出し、同様に 15 分冷やしたらラップをまいて冷蔵また冷凍保存。

シーズン中、
シュトーレンは
毎日レストランに
登場します

オトワレストラン
シェフパティシエ
音羽 明日香さん

当レストランにはパン専門のブーランジェがいるのでシュトーレンも彼が仕込み、成形からパティシエが担当します。

シュトーレンはそのシーズンになるとレストランのコース料理の最後の小菓子として、毎日お出ししています。そのため毎日シュトーレンに刃を入れるので、しっとり感、保水性、酸化など変化には敏感です。トレハロースの導入やバターの漬け込み具合の確認など、シェフも含めて検討しています。12 月はそのまま、1 月の途中からここで紹介したようなアレンジをします。冬場はウエディングの引き菓子としても人気ですね。イベントなどお客様の様子がわかっている時は、スパイスやアルコールなどでアクセントもつけられます。

私はシェフパティシエとしてサービスに出る機会もありますが、少し年配の男性にはブランデーと一緒にとお勧めしています。赤ワインやウイスキーもいいです。シュトーレンは厚みのある味わいなので、熟成香の進んだお酒が合うと思います。

自然派パン工房

ぷれっちぇる

Brezel

できあがりは約４００ｇ

山田 密穂さん

Mitsuho Yamada

いろんなシュトレンがあっていい だったら、家庭で手作り私流

家庭でも作りたい人、多し

シュトレンが家庭で作れたら、フルーツ&ナッツやスパイスを自分の好みにしたり、出来上がりから食べ始めるまでのタイミングを自分の自由に調節できたり、時には小さなお歳暮にもなります。手作りでも常温で一週間は持ちますから、作りたい人は多いですね。昨今ではラッピングまで教えてくれる教室もあるくらい人気です。

手ごねでできる、家庭レシピ

私が知り合いのベーカリーシェフのレシピを見て家庭でも作れると知ったのが10数年前。でも、当時すでに有名店が様々に売り出していましたから、毎年4、5品を取り寄せてはいろんなシュトレンを楽しんでいました。

でも、そのうち「教室でもやってほしい」と声が上がり、家庭で作りやすいように工夫したのが今回のレシピです。ポイントは材料の手に入りやすさ、工程のわかりやすさ、時間の短さです。

このレシピですと中種を作るので失敗は少ないですし、フルーツ漬けと粉糖がけを別にすれば当日の拘束時間は2時間半です。

バター40%を手ごねで入れるのが難しかったのですが、プロのアドバイスをもらってクリーミングしたら入るようになり、しっとり感が出ました。卵黄も入れてみたら膨らみもよくなりました。

発酵種を足してみたい

家庭用ならこのレシピで充分美味しくできます。スパイスはお好みですが、入れるなら本捏の粉と一緒に混ぜておきましょう。

私がいま興味があるのは、今回のレシピにさらに乳酸菌の多い発酵種を足したらどうなるのか、です。深みが出るんじゃないかと、ちょっと期待しています。

Brezel

〈中種と前処理〉

●中種。手捏ね５分

1

ボウルで粉と牛乳（約40℃）を合わせる。

2

作業台に出したらインスタントドライイーストを加え、インスタントドライイーストの粒が消えるまで捏ねる（約５分）。目標の捏ね上げ温度は、27～28℃。

Chef's voice

作業台に出して捏ねていると生地温度が下がりやすいので、牛乳の温度は高めです。

●中種発酵

3

ボウルに入れてラップをかけ、30℃で30分おく。２倍ほどの大きさになる。

●クリーミング

4

ボウルにバター、砂糖、塩を入れ、ゴムべらでなめらかな状態にする。続いて溶いた卵黄を２～３回に分けて入れる。

〈本捏〉

●ミキシング

5

3でできた中種、**4**、本捏材料をボウルで合わせる。

材料　（400g　１個分）　１％＝１ｇで製作

●漬け込みフルーツ＆ナッツ

レーズン	40%
クランベリー	30%
オレンジピール	10%
レモンピール	10%
アーモンドスライス	20%
ラム酒	15%

◎中種

国産強力粉	40%
インスタントドライイースト（サフ赤）	3％
牛乳（約40℃）	40%

◎クリーミング

バター	40%
きび砂糖	10%
塩	1%
卵黄	10%

◎本捏

国産強力粉	50%
石臼挽全粒粉	10%
皮付きローストアーモンドプードル	20%
牛乳	20%
マジパンローマッセ	30%

◎仕上げ

無塩発酵バター	４０％～
（上澄みのみを使用するので実質３０％～）	
微細グラニュー糖	適量
バニラビーンズ	３㎝～（好みで）
※バニラオイルで代用可	
粉糖	適量

レーズンとクランベリーはぬるま湯に５分ほど浸し、軽く絞る。
他の漬け込み材料とともに食品保存用袋に入れ、空気を抜く（ビニール袋を使うと酒の量が少なくても染み込みやすい）。１週間～10日ほど冷蔵庫で漬け込み。時々、袋の上から軽くもむ。

応用編　「自家培養発酵種」を使用する場合

●材料／配合

上記の中種レシピからインスタントドライイーストを除き、国産強力粉と、牛乳の代わりに同量の「レーズンなどを酵母および乳酸菌の採取源とした液」を使用して作った自家培養発酵種を中種とする。それ以外は変更なし。

●工程

〈中種〉　捏ね上げ温度　28～30℃
30℃で4～6時間おく。生地のかさが2倍になれば発酵終了。
そのまま本捏に進んでもよいし、冷蔵庫に入れ、翌日、作業してもよい。

〈本捏〉　本文を基本に、以下のみ変更

一次発酵　３０～３２℃　２～３時間。
目安は、１．３～１．５倍の大きさになるまで。

二次発酵　３２℃　４０～４５分。
目安は、少しふっくらするまで。

※自家培養発酵種は、培養の状況によってできあがりにバラつきが出ます。

レーズンを酵母および乳酸菌の採取源とした液（右）と、これを使用して作った自家培養発酵種（左）

6
生地が均一になったら漬け込みフルーツ&ナッツを入れる。捏ね上げ温度の目標は、25～26℃。

一次発酵

7
ボウルにラップをかけ、30～32℃で30分おく。

8
発酵終了。分割、ベンチタイムは、なし。

成形

9
生地をボウルから取り出し、一度軽く丸める。

10
そののちめん棒で楕円に伸ばし、中央にマジパンを入れて包む。

11
上は、半分より少なめに生地をかぶせる。外側に出たフルーツ＆ナッツ類は、このとき中に包み入れる。

12
めん棒をあてて、形を整える。

二次発酵

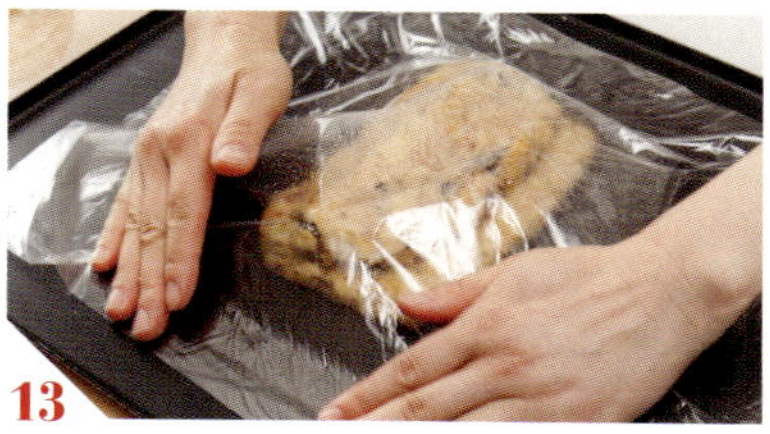

13
乾燥しないよう、スプレーオイルをかけたビニールをふんわりとかけて、室温（25～26℃）で40分おく。

Chef's voice

なるべく暖かい場所へ。オーブンの発酵機能で庫内を暖め、電源を切った状態で中に入れてもよい。発酵が鈍い場合（室温が低い場合）、10分程度追加して置いてもよい。

14
発酵終了の見極めは、生地を触って少しふっくらするまで。

焼成

15
180℃に予熱したオーブンで30～35分焼く。20分経ったところで一度焼き色を見て、焦げそうなら設定温度を下げる。

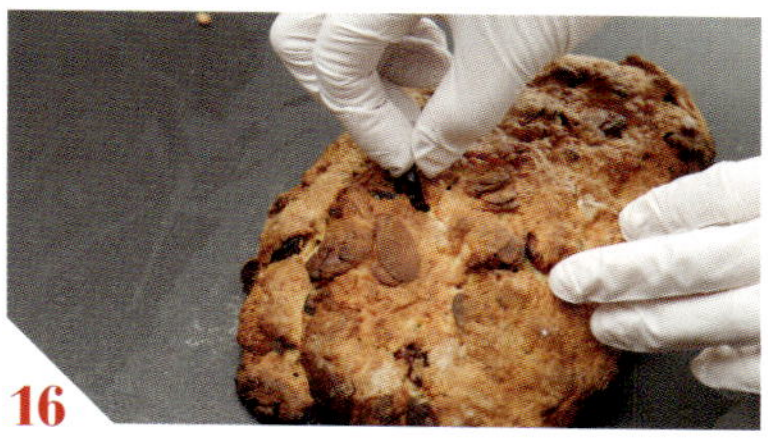

16
焦げたフルーツ類ははずしておく。

〈仕上げ〉

17
シュトレンが熱いうちに、熱くした溶かしバターの上澄みを染み込ませる。

18
生地に練りこんだバター40%に、仕上げでさらにバター30%を染み込ませる。はけを使って裏までていねいに塗る。

Chef's voice

シュトレンとバター、双方が熱くないと染み込みません。このバターでパンの乾燥を防ぎ、老化を遅くします。

19
微細グラニュー糖をまぶす。

Chef's voice

砂糖の皮膜を作り、バターが酸化するのをおさえます。

20
ラップで包み、一晩以上、なじませる。

21
翌日、粉糖をかける。

シニフィアン シニフィエ

Signifiant Signifié

4,500円（税別）

志賀 勝栄さん

Katsuei Shiga

自分がトライすべき課題は日本で、どんな美味しさを創るかだと思っています

長期保存で老化はしない？

シュトーレンを作り始めたのは25、26歳のころ、シャラントの竹内豫一さんに教えてもらってのスタートでした。

確かに美味しい。でも、どうしてもひとつ、引っかかっていたことがありました。一か月食べ続けるという前提と、生地の老化の問題です。

老化を感じさせないようにするにはどう作るのがいいのか。それが何年も私の課題になりました。

気泡を作らなければ老化しない

老化とは酸化です。であれば、周囲だけでなく、中の生地も空気に触れさせなければいい。つまり生地の中に気泡を作らないこと。15年くらい前からそんな生地作りになりました。

製造過程でも分割、成形、焼成と、ほとんど発酵はとりません。

でも、生地の熟成で得られる旨みはすてがたい。パネトーネ種由来の香りもほしい。そうやってこのレシピはできました。

1つの生地を中用と外側用とに分け、中用にはたっぷりのナッツとフルーツを混ぜ込んで分割し、残りの外側用の生地で周囲を包みます。

焼成後はバターと砂糖のダブルブロック。ただ砂糖については初めから「これでいいのか」と思っていたので、ふっとひらめいて今の和三盆に落ち着きました。

日本の美味しい味創り

こうなるともうシュトーレンじゃなくて、大きなビスケットでしょうか。でも、日本人として生まれ、宗教的縛りのない社会で、自分が美味しさを詰め込むなら、これだったのです。

皆さまとの信頼関係を裏切らないように今年も作り続けます。

※写真の箱はイメージです

工　程

中 種		
↓	ミキシング	：L 3分　M 3分　（生クリームは湯煎で 50℃強まで温めておく。）
	捏ね上げ温度	：30℃
↓	発　酵	：28℃ホイロ 3 時間ののち冷蔵保管
ホイップバター		
↓	ミキシング	：常温に戻したバターを白っぽくなるまでホイップして冷蔵保管
本 捏		
↓	ミキシング	：L 3分　M 3分 ↑皮用の生地　↓フルーツ　Lで混ざるまで ※皮用生地は、生地全体量の 45%量
	捏ね上げ温度	：20℃以下
	分　割	：外側 90g　中身（フルーツ含む）220 g
	成　形	：中身をまとめて、皮生地で包む
↓	焼　成	：210℃／210℃　60 分
仕上げ		
すましバターにさっとくぐらせ、すぐ冷凍。 和三盆をまぶす。　（これで 1 個あたり 460g になる）		

材 料　460g仕上がり × 20本分

◎ 中 種

小麦粉（タイプ 65）……… 20%
小麦粉（BIO タイプ 65）……… 20%
オーガニックシュガー……… 10%
バニラビーンズ……… 1 本分
バター（発酵、無塩）……… 15%
パネトーネ種……… 20%
生クリーム……… 41%

◎ ホイップバター

バター（発酵、無塩）……… 45
オーガニックシュガー……… 30
塩……… 0.8

◎ 本 捏

小麦粉（グリストミル）……… 30%
小麦粉（3 Good）……… 30%
パン酵母（生）……… 1%
（水 1% で溶く）
中種 & ホイップバター……… 全量
シュトーレンフルーツ……… 150%

● シュトーレンフルーツ 作りやすい分量

マカダミアナッツ……… 4kg
くるみ……… 2kg
アーモンド（スペイン産）……… 1kg
サワーチェリー……… 2kg
サルタナレーズン……… 1kg
赤ワイン……… 2 本
グラッパ……… 1 本
カシスリキュール……… 1 本

※ ナッツ類はすべてローストする
※ 全部を混ぜて常温で 1 週間おいたら -10℃で保管

◎ 仕 上 げ

バター（発酵、無塩）……… 適量
和三盆……… 適量

レシピは2018年現在のものです

500g 2,500円（税別）
1kg 5,000円（税別）

ジャーマン　ホーム　ベーカリー

フロインドリーブ

H.FREUNDLIEB

代表取締役社長 ヘラ・フロインドリーブ・上原さん
Hella Freundlieb-Uehara

日本で受け入れられたドイツ菓子
伝統の手作り製法を守り続けます

初代のレシピを日本向きにして

祖父で初代のハインリッヒ・フロインドリーブが神戸で店を始めて90年が経ちます。

初代の作るシトーレンはドイツ独特の、生地が重たくどっしりとしたドレスデン風のものでした。製菓マイスターを取得した父は、ドイツの味を日本の方にも美味しく食べていただけるようにとその初代のレシピを改良し、独自のレシピでシトーレンを作りあげました。

シトーレンの人気急上昇

私は約50年前に販売員として店で仕事を始めました。当時は外国人のお客様も多く、シトーレンよりもはちみつやスパイスを練り込んで焼き上げるクリスマスクッキーや、進物にはバタークリームのクリスマスケーキなどが圧倒的な人気でした。

時は流れ、徐々にシトーレンが認知され、シーズンになると事務所の応接セットなどを片付け、棚を組んでストック。クリスマスにはシトーレンがメインで売れるようになりました。

それでも今のような数になったのはここ20年くらいでしょうか。一部のパンやお菓子の製造をお休みしなくては、とてもやりきれないほどになりましたね。

製造はクリスマス前まで

うちの場合、昔からすべて手作りなうえに、少し寝かせてから販売する方針をとっているため、10月からクリスマス直前まで製造を続けますが、それでも数には限りがあります。

毎年お待ちいただいているお客様のためにもバター、ナッツ、ドライフルーツなどの素材にこだわり、手作りの味を守っています。

クリスマスクッキーのミニチュア

材　料（460g × 20 本分）

◎ 中 種

強力粉……1200g
パン酵母（生）……240g
牛乳……650g

◎ 本 捏

強力粉……2000g
グラニュー糖……680g
塩……55g
バター（有塩）……1080g
ラード……160g
牛乳……360g
ケーキクラム……340g
バニラオイル……少々
レモンオイル……少々

● シトーレン・フルーツ

レーズン（カリフォルニア）……1200g
サルタナレーズン……1200g
オレンジクォーター……200g
チェリー……200g
くるみ（スライス）生のまま使用……130g
アーモンド（8 つ割）生のまま使用……200g
ラム酒……62g

※ レーズンは水洗いし、他のすべての材料と混ぜあわせて１～２日漬ける

◎ 仕 上 げ

すましバター（無塩）……適量
グラニュー糖……適量
粉糖……適量

工　程

中 種		
	ミキシング	：粉、パン酵母（生）、牛乳を混ぜる。低速 5 分
↓	発 酵	：一晩（冷蔵）
前工程		
	バターミックス	：バター、グラニュー糖、塩、ラードをあわせてシュガーバター状態にし、そこに牛乳を少量ずつあわせ、冷蔵。翌日使用。
	粉	：冷蔵
	フルーツ	：冷蔵
↓	すましバター	：銅鍋で数時間かけて煮て、余分なものを除く。
本 捏		
	ミキシング	：粉、バターミックス、中種を低速で 7～8 分回す。
		フルーツ投入　低速 2 分（混ざればよい）
	発 酵	：60 分
	分 割	：460g、920g に手でちぎり、丸め、円柱形に整える
	成 形	：手成形　(30～40 分おく）
↓	焼 成	：210℃ /190～200℃ 60～90 分（途中で型（枠）のふたをとり、あとは様子を見ながら）
仕上げ		
		型を外して粗熱をとり、90℃に設定したすましバターに約 5 分浸ける（小サイズで 50～60g 吸収）。すぐ砂糖でコーティング後、冷却。販売前に、粉糖をかけて包装。

パン焼き小屋

ツォップ

Zopf

伊原 靖友さん

Yasutomo Ihara

自分の味と、ドレスデンの味 ２０１２年から２タイプになりました

「オリジナル」は、ツォップの味

30年ほど前、シュトレンはまだ自分も周囲も見たことも食べたこともなかったのですが、ひかれるものがあって手探りで作り始めました。当時は重くてしっかりしたケーキのようなものをイメージしていましたね。

その後20年以上、自分の店では軽めの配合でふんわり、でももっちりとした食感をもつオリジナルのシュトレンを作ってきました。

生地にはマジパンのほかに細かくしたアーモンドをたっぷり入れ、さらにオレンジリキュールやラム酒に6カ月以上漬け込んでまろやかな風味に馴染んだドライフルーツ、そしてたっぷりのスパイスも入れています。

もうひとつ、本来ならガレット・デロワに入れる「フェーブ」も1個、遊び心で入れています。お菓子に隠れた幸運のお守りです。

ドレスデンの風味「クラシック」

２０１１年にドイツ・ドレスデンに行き、様々なシュトレンを試食しました。そこから生まれたのがうちのもう1つのタイプ「クラシック・シュトレン」です。

こちらの生地には卵やマジパン、アーモンドはホールで使い、さらに中央には棒状にしたマジパンをくるみ、つまって硬めの食感に焼きあげています。最も特徴的なのは、自分が現地で強く感じたスパイス、カルダモンの風味をきかせていることです。

楽しいひと時を！

焼き上がったらすぐ、日持ちを良くするために一定時間、すましバターに浸し、砂糖をまぶします。

いま日本には様々なシュトレンが登場していますが、情報ではなく、ご自身で試して楽しんでいただけたらいいなと思います。

Zopfオリジナル・シュトレン
3,400円（税別）

Original

Classic

クラシック・シュトレン
3,100円（税別）

トラン・ブルー

TRAIN BLEU

成瀬　正さん

Tadashi Naruse

4,500円（税込）

フレッシュなバターの美味しさを求め、常識の枠を外して到達したレシピです

世界の食文化に衝撃を受けて

ドイツにはクリスマスに食べるお菓子があると知ったのは、20代に雁瀬大二郎先生の講義を受けたときでした。当時、日本はクリスマスケーキ一色でしたから、そんな国もあるのか、世界の食の文化は奥深いなあと、びっくりしたことを覚えています。発酵をとったパンタイプのものでしたね。

その後、トラン・ブルーオープンの準備段階から毎年のようにレシピをいじって、ようやく納得のいくものに落ち着いたのが約10年前。「何日も置いておく」タイプのシュトレンはどうしてもバターの酸化臭が気になるので、その概念を取り外してみたのです。

自分の考えで、作る

「焼きたてが美味しいというシュトレンがあってもいいじゃないか」。そう腹をくくって考えたのが現在のレシピです。

外はカリッとして、中の生地はもっちり。前日にローストして入れるアーモンドはカリカリと存在感がある。発酵は抑え気味に進めて最後の窯伸びだけくらいなので、熟成のうまみを求めてポーリッシュ種で仕込んでいます。

オレンジとレモンのピールはグランマニエで、いちじくとレーズン、くるみはラム酒とはちみつで漬け、スパイスは控えめですがナツメグとカルダモンです。

洋酒にも合う味

周囲の粉糖はバターの酸化を防ぐために多めにしていますので、召し上がるときに払うなど、お好みで調整していただければと思っています。生地自体はそんなに甘くないはずです。

冷蔵庫に保管してフレッシュなうちに。コーヒー、紅茶のほかに、私は洋酒にもあうと思います。